GW01459436

L'ESPION DU PRÉSIDENT

OLIVIA RECASENS
DIDIER HASSOUX
CHRISTOPHE LABBÉ

L'ESPION
DU PRÉSIDENT

Au cœur
de la police politique
de Sarkozy

ROBERT LAFFONT

© Éditions Robert Laffont, S.A., Paris, 2012
ISBN 978-2-221-12983-8

À tous ceux qui comptent
pour nous ainsi qu'aux femmes
et aux hommes de l'ombre
qui ont rendu ce livre possible.
OR et CL

À la Grouïk-grouïk Productions
et à sa créatrice.
DH

« Rester calme et boire frais. »

BERNARD SQUARCINI

Avant-propos

Vu du dessus, son dos sombre se confond avec les profondeurs obscures. Vu du dessous, son ventre clair ne se distingue pas de la lumière qui vient de la surface. Il se déplace en zigzaguant. C'est un chasseur hors pair, doté d'un sixième sens exceptionnel.

Son flair, sa vue perçante, son ouïe fine lui permettent de détecter le moindre mouvement. Il est capable de remonter une piste sur des kilomètres. Quand il attaque, rien ne peut l'arrêter. Son seul point faible : l'aileron qui signe sa présence.

Bernard Squarcini n'a pas usurpé son surnom. « Le Squale » chasse depuis trente ans dans le milieu du renseignement, son élément. L'un après l'autre, il a écarté tous ses rivaux. Il dirige aujourd'hui le plus puissant service de renseignement policier que la France ait jamais connu : la Direction centrale du renseignement intérieur.

La DCRI est l'œuvre de Nicolas Sarkozy qui l'a créée le 27 juin 2008. Il était normal qu'il la confiât à celui qui nage dans son sillage depuis 2002.

Officiellement, il s'agissait d'en finir avec la police politique qu'incarnaient les « Renseignements généraux » – les célèbres RG, soupçonnés de verser dans les secrets d'alcôve et les barbouzeries en tout genre. Le Président les a fusionnés avec la DST, le contre-espionnage français.

Le « FBI à la française » devait donner un nouveau visage au renseignement policier, enfin délivré des péchés de basse police et concentré sur la seule défense de l'intérêt général. Exit la fameuse « cellule de l'Élysée » de François Mitterrand, qui bricolait des écoutes pour le Président. Oublié le « cabinet noir » composé de RG, au service de Jacques Chirac et son clan, utilisé pour des enquêtes inavouables. Enfin, on nous le promettait : il serait mis un terme à ce mal français qui a longtemps fait du ministère de l'Intérieur l'antre des coups tordus.

Nous avons voulu vérifier si la DCRI correspondait bien à cette image idéale. Las, c'est tout le contraire. Trois ans à peine après sa création, la voilà déjà publiquement accusée d'avoir espionné les sources d'un journaliste pour le compte de l'Élysée. Mais, comme nous l'avons découvert, « l'affaire des fadettes[1] » n'est que la partie émergée de l'iceberg. Enquêtes inavouables, proximités douteuses, mauvaises fréquentations, interventions abusives… L'outil a été dévoyé pour servir un camp et ses intérêts privés. À sa tête, l'omniprésent Bernard Squarcini. En plongeant dans son monde du

---

1. Dans la police, ce mot s'orthographie « fadets » pour « factures détaillées ».

silence, nous avons croisé des intermédiaires sulfureux, des barbouzes et beaucoup de bandits corses.

Pour écrire ce livre, nous avons activé nos réseaux tissés depuis des années au sein de la police. Finalement, nous sommes parvenus à rencontrer, avec un luxe de précautions, à Paris comme en province, des dizaines de contre-espions de tous grades et de toutes spécialités. S'ils ont accepté de se confier, sous couvert d'anonymat[1], c'est parce que tous ces hommes et ces femmes sont attachés à un fonctionnement républicain de la police. Il leur a fallu du courage : en nous parlant, ils risquaient leur carrière.

La DCRI a été pensée et organisée pour que les curieux, journalistes comme magistrats, ne viennent pas y mettre leur nez. Des bâtiments au document le plus insignifiant, tout est frappé « confidentiel défense » ou « secret défense ». S'entretenir avec un journaliste, c'est prendre le risque d'être banni du monde du renseignement, voire flétri par une condamnation pénale.

Ce climat de méfiance et de peur a franchi les murs de la DCRI. Depuis que Nicolas Sarkozy est devenu président, les juges, avocats et journalistes qui ont à traiter d'affaires sensibles susceptibles d'irriter l'Élysée prennent leurs précautions. Ils redoutent l'ouïe fine du Squale. Comme ce magistrat, qui, lors de notre rencontre dans son bureau du Palais de justice, nous impose, au cours de l'entretien, l'écoute en boucle de Michel Petrucciani pour brouiller d'éventuels micros espions.

---

1. Leurs prénoms ont été modifiés.

Afin de protéger nos sources, nous avons dû redoubler de prudence. Nous sommes allés aux rendez-vous, portables éteints. Il a fallu de nouveau recourir aux cabines téléphoniques. Nous avons toujours travaillé sur des ordinateurs non connectés, enregistré nos travaux sur des disques durs externes et retrouvé les vertus du courrier manuscrit déposé dans des boîtes aux lettres dites « dormantes ». Pour nos multiples rendez-vous, nous avons appris à déjouer les filatures. Bien entendu, à chacun de nos interlocuteurs, nous avons garanti l'anonymat. Sauf à Bernard Squarcini et à certains chefs policiers. Des précautions qui ont considérablement compliqué notre travail.

Durant près d'un an, nous avons pu leurrer la DCRI sur notre projet commun et tromper les surveillances. C'est seulement début décembre 2011, à l'issue de notre enquête, que les chefs contre-espions ont découvert le but réel de nos investigations.

Bernard, comme il aime à le dire, « sait tout et veut tout savoir ». Pour jauger par lui-même le niveau de danger, il a invité l'un d'entre nous à déjeuner. Rendez-vous a été pris le 28 décembre 2011 sur ses terres, à la Villa corse, à Paris. Dans une ultime partie de poker menteur, il a tenté de nous convaincre que la DCRI n'avait rien d'une police politique et qu'il n'était pas l'espion du Président. Au moment de prendre congé, Bernard Squarcini a lâché dans un sourire : « Fais ton bouquin. S'il est bon, je te paie un coup à boire, sinon, je te pète le nez... »

1

Recruté par la Firme

Il règne dans le bureau du ministre un silence de mort. Les hommes de la DST, le contre-espionnage français, promènent leurs appareils de détection partout, du sol au plafond. Chaque meuble, chaque plinthe, chaque objet est vérifié, jusqu'à la photo du président accrochée au mur.

Soudain, ça bipe. Affolement général. Claude Guéant avait donc raison, lui qui a demandé ce « dépoussiérage », comme on dit dans le jargon des services. Nous sommes en mai 2002, Nicolas Sarkozy prend le contrôle pour la première fois de la place Beauvau, et son directeur de cabinet a tenu à s'assurer que le précédent locataire, le socialiste Daniel Vaillant, n'avait pas sonorisé les lieux avant de partir... Il se méfie aussi de l'entourage de Jacques Chirac qui entame son second mandat à l'Élysée.

Les « dépoussiéreurs » de la DST qui ont défait la latte du parquet retirent avec précaution l'engin suspect. En guise de micro, ils viennent de mettre la main sur… un piège à souris !

Selon le dictionnaire, la paranoïa est un « délire interprétatif fondé sur une perception faussée du réel ». Mais, à cette époque, Nicolas Sarkozy a de bonnes raisons d'être paranoïaque. Aux yeux de l'Élysée, il est le traître qui, sept ans plus tôt, a abandonné en rase campagne électorale son mentor Jacques Chirac pour Edouard Balladur qui caracolait alors en tête dans les sondages. Et puis, derrière la tenture, se tient son ennemi Dominique de Villepin, qui, depuis l'exil forcé au Canada d'Alain Juppé pour cause d'ennuis judiciaires[1], se verrait bien dans le rôle du dauphin. Nicolas Sarkozy, lui, l'imagine plutôt en Raspoutine orchestrant les coups tordus de la Chiraquie, avec la complicité d'Yves Bertrand, le patron des Renseignements généraux. Il n'a pas pardonné cette enquête sur son patrimoine réalisée par la section financière des RG quand il était ministre du Budget de Balladur. À peine franchie la grille en fer forgée de la place Beauvau, il demandera la tête d'Yves Bertrand, que Jacques Chirac évidemment lui refusera.

Peu importe. Le ministre a quelqu'un dans la place : Bernard Squarcini, l'adjoint d'Yves Bertrand. C'est Claude Guéant qui l'a hissé à ce poste lorsqu'il était directeur de cabinet de Charles Pasqua, place Beauvau. Et Squarcini n'hésite pas. Il a misé sur Sarko. Il sera le Brutus de Bertrand.

---

1. Condamné en 2005, dans l'affaire des emplois fictifs de la mairie de Paris, à 14 mois de prison et un an d'inéligibilité.

Durant deux ans, le numéro 1 et le numéro 2 vont se livrer une guerre souterraine sans merci. Tant pis si l'atmosphère dans la maison RG devient irrespirable. Entre les pro-Bertrand et les partisans de Squarcini, tout le monde se méfie de tout le monde. Et surtout du téléphone.

Une brasserie en bas de chez lui, dans un quartier cossu de Paris. Lunettes noires, jeans et chemise blanche, à l'heure de l'apéro, l'ex-patron des RG nous raconte la trahison de son adjoint. « Il m'a lâché pour Sarko. En Corse, il a beaucoup protégé son environnement familial. Je crois que Sarko lui est très reconnaissant de ça. Squarcini le tient par la Corse[1]. »

C'est en effet sur la Corse, sa spécialité, que Squarcini peut se faire valoir aux yeux de Sarkozy. Dans le cœur du chef de l'État, l'île de Beauté occupe incontestablement une place à part. Sa première épouse, Marie-Dominique Culioli, est originaire de Vico, une bourgade sur les hauteurs de Cargèse en Corse du Sud. Quand le fils aîné Pierre se pique de faire un stage chez un berger à la fibre nationaliste, un ami d'Yvan Colonna qui, deux ans plus tôt, a assassiné le préfet Érignac, l'info remonte tout de suite aux oreilles du taulier des Renseignements généraux. Roublard et fidèle à la chiraquie, « YB » saura en faire son miel.

À l'arrivée de Nicolas Sarkozy place Beauvau, Squarcini est naturellement désigné chaperon pour garantir la sécurité de la petite famille du ministre en Corse. Lorsque les deux fils descendent pour les

---

1. Entretien avec les auteurs le 2 juin 2011.

vacances, le numéro 2 des RG a l'œil sur eux. À l'époque, le ministre de l'Intérieur rêve de pouvoir brandir comme un trophée le scalp d'Ivan Colonna, assassin présumé du préfet Érignac. Sarkozy veut remettre à la Justice le fugitif le plus recherché de France. Un fait d'armes qui, espère-t-il, lui dégagera la route pour l'Élysée.

C'est Claude Guéant qui organise la chasse, avec en chien truffier Bernard Squarcini, et en chef de meute, Christian Lambert, patron du RAID. Tandis que la DST est secrètement activée. Yvan Colonna est capturé le 4 juillet 2003 dans une bergerie du sud de la Corse. Quarante-huit heures, tout juste, avant le référendum sur le statut de l'île pour lequel Nicolas Sarkozy a mouillé sa chemise. Mais qu'il perd. Peu importe : cette arrestation efface la défaite électorale. Squarcini scelle ainsi son entrée en Sarkozie. Le voilà adoubé, comme dix années plus tôt Lambert libérant les enfants de la maternelle de Neuilly dont le maire s'appelait alors Nicolas Sarkozy. La voie est libre. Après être resté dix ans durant numéro 2, il va enfin devenir numéro 1. Remplacer Yves Bertrand, qui file vers ses soixante ans.

Mais « YB » n'est pas le genre à se laisser faire. Habilement, lors d'une interview au *Journal du Dimanche* sur les réformes en cours au sein des RG, il évoque son prochain départ et avance le nom de son successeur : Squarcini… Une intronisation médiatique qui va fournir le prétexte à l'Élysée pour refuser le candidat désigné. Il faut désormais trouver une solution de compromis entre le Château et Beauvau, censée garantir aux deux camps la neutralité des

Renseignements généraux. Lorsque, en janvier 2004, Yves Bertrand laisse son bureau style Empire de la rue des Saussaies, c'est un préfet incolore, Pascal Mailhos, qui prend sa place.

Un revers pour Sarkozy qui, avant de quitter l'Intérieur pour Bercy avec Guéant dans ses bagages, espérait verrouiller deux postes clefs : les RG avec Squarcini, et le Service de protection des hautes personnalités, les gardes du corps des ministres, avec Lambert. Pour Sarko, les rôles de ces deux fidèles sont bien définis. L'un, l'homme d'action, fait écran de son corps, l'autre, l'homme de l'ombre, le protège des complots. Échec sur toute la ligne. Bernard Squarcini doit se consoler avec une casquette de préfet délégué à la sécurité à Marseille. Lambert, lui, se contente d'un poste de préfet délégué à la sécurité à Ajaccio.

Le loup à la toison argentée est maintenant dans le poulailler. Villepin est entré place Beauvau où ne reste plus qu'un fidèle de Sarkozy, le directeur général de la police, Michel Gaudin. Les chiraquiens contrôlent tout. Ils ont disposé des hommes à eux à la tête de la Préfecture de police, à la DST, à la DGSE, les services extérieurs français, tandis que les RG sont devenus un pays neutre. Villepin se croit alors débarrassé du « nain » et de sa clique.

C'est compter sans Bernard Squarcini qui souffle à l'oreille de Pascal Mailhos, à la recherche d'un adjoint, le nom de Joël Bouchité. « Jojo », comme l'appelle Squarcini, dirige alors les Renseignements généraux de Toulouse. À Paris, il va devenir l'homme lige du Squale dans la maison RG. « Bernard m'a dit d'y aller, je lui rendais compte. C'était gênant pour Mailhos[1], se souvient Bouchité, qui assure alors la base arrière logistique de Squarcini. Quand il venait à Paris, je mettais à sa disposition une moto et une voiture, et je lui facilitais le travail en faisant des recherches dans les fichiers des RG lorsqu'il avait une demande de Guéant. »

C'est ainsi que, depuis Marseille, Bernard Squarcini dirige en sous-main les RG. Dans le camp Sarkozy, la parano est à son comble : Claude Guéant est convaincu que son chef et lui ont été placés sur écoutes. Avec l'aide de Jojo, Squarcini s'efforce de parer les coups bas. Il protège le président et sa famille contre les rumeurs que distillerait le fameux cabinet noir du Château où œuvrerait Yves Bertrand.

Le Squale est aussi là pour dégager la route de l'Élysée au futur candidat. C'est ainsi qu'il détecte, avant qu'elle n'explose, la mine Clearstream[2]. Il a suivi en direct la machination. L'un de ses hommes, un commandant corse des RG – celui-là même qui l'avait mis sur la piste d'Yvan Colonna –, a retourné l'un des comploteurs.

C'est pour Nicolas Sarkozy un avantage décisif dont il va user. Bien avant que les faux listings n'atterrissent entre les mains du juge Van Ruymbeke et que l'affaire ne « fuite » dans la presse, il sait que son nom figure parmi les soi-disant détenteurs de comptes secrets dans la chambre de compensation

---

1. Entretien avec les auteurs le 16 août 2011.
2. Voir « Monsieur Alexandre », p. 156.

luxembourgeoise. Mieux, il connaît le détail du complot ourdi contre lui. Dès lors, il va pouvoir jouer un rôle qu'il maîtrise particulièrement bien, celui de la victime accusée à tort. Grâce au fidèle Squarcini, il retourne la bombe Clearstream à celui qu'il soupçonne d'être l'artificier : Dominique de Villepin. La plainte qu'il arme pour « dénonciation calomnieuse » contre l'informaticien truqueur de listings va plomber par ricochet les ambitions de « l'Albatros » en le conduisant devant les tribunaux.

Malgré ses deux relaxes, Villepin ratera par deux fois son envol pour la présidentielle. Sept ans durant, il aura dans son dos l'aileron du Squale. Six mois avant l'« acte un » du procès Clearstream, ses gardes du corps repèrent deux voitures qui semblent les suivre. Vérifications faites, les plaques d'immatriculation renvoient au parc automobile de la Direction centrale du renseignement intérieur dirigée par Bernard Squarcini. L'ancien Premier ministre profite de l'ouverture du procès pour faire, publiquement, part de sa « conviction » : « J'ai bien fait l'objet de filatures, de surveillance, d'un certain nombre de procédés assez classiques qui visent à faire l'environnement et l'entourage d'un homme politique. Ce sont des pratiques détestables[1]. » Plus tard, quand DDV a téléphoné à Squarcini, celui-ci se serait amusé à lui faire peur. Il peut s'agir de « doublettes[2] », lui aurait expliqué le Squale en précisant : c'est « peut-être

---

1. Reuters, 16 septembre 2009.
2. Fausse plaque d'immatriculation dont le numéro correspond à celui d'une voiture en circulation.

inquiétant car les doublettes sont utilisées pour des tentatives d'assassinat notamment dans le milieu ».

Le complice présumé de Dominique de Villepin, Yves Bertrand, est aussi touché par les éclats judiciaires de la machine infernale Clearstream. C'est dans le cadre de cette enquête que seront saisis les carnets du redouté directeur des RG. Vingt-trois carnets manuscrits – ses « brouillons », dit-il – dans lesquels YB consignait au jour le jour les dessous de ses enquêtes secrètes et l'agenda de ses rendez-vous pas toujours discrets. Quand ces centaines de pages noircies d'une écriture pattes de mouche sont mises sur la place publique[1], pour Yves Bertrand, c'est le coup de grâce médiatique. Pour Squarcini, la preuve qu'il avait raison. Son ancien patron a bel et bien comploté contre Sarkozy et ses proches. Les carnets de Bertrand sont truffés de ragots sur Cécilia et d'informations aussi ahurissantes qu'invérifiables sur Nicolas.

Indécrottable « YB », qui, récemment encore, nous livrait, sans qu'on lui ait rien demandé, des tuyaux percés sur l'ex-maire de Neuilly. La rancune est tenace.

Après un an passé à Bercy, Sarkozy retrouve en juin 2005 son fauteuil de ministre de l'Intérieur. D'emblée, il annonce la couleur : il revient « pour répondre aux officines et aux coups tordus ».

Parallèlement, le Squale a gagné en puissance. Il est désormais l'un des piliers de « la Firme », cette bande de fidèles apparue à Beauvau lorsque Sarkozy était ministre de l'Intérieur, prête à tout pour le chef

---

1. *Le Point*, 9 octobre 2008.

de l'état. Squarcini est devenu le chouchou de Cécilia, dont il a protégé la vie privée. Il est l'homme qui a déminé le chemin de Nicolas vers l'Élysée. Il a même une blessure de guerre. Son nom ne figure-t-il pas aux côtés de ceux de Sarkozy dans les listings de Clearstream ? La récompense est pour bientôt.

Même s'il reste, pour l'heure, préfet à Marseille, il retrouve, sitôt son chef réinstallé dans les murs de Beauvau, un pied-à-terre au ministère de l'Intérieur. Chacun de ses rendez-vous est observé, jaugé et commenté dans la maison « poulaga », ce qui témoigne de son rôle désormais incontournable. Et lorsqu'il n'est pas à Paris, tout le ban et l'arrière-ban de la police font le pèlerinage à Marseille. Et pas pour la Bonne Mère.

Dès le mois de mai 2006, Sarkozy l'a investi d'une nouvelle mission : remettre à plat tout le renseignement policier. Malheur aux vaincus : les RG, marqués par l'époque Yves Bertrand, comme la DST, accusée d'avoir trempé dans le chaudron Clearstream, doivent disparaître pour laisser place à un seul grand service de renseignement intérieur, la future DCRI, sous le commandement du fidèle Squarcini. Une machine conçue pour fonctionner avec le logiciel de la Firme.

8 juin 2006. Place Beauvau, Sarkozy s'exprime devant un parterre de journalistes. Soudain, ça s'agite au premier rang. Le ton monte entre Bernard Squarcini et le patron de la DST, Pierre Bousquet de Florian, assis côte à côte… Au point que les deux hommes se lèvent pour poursuivre leur engueulade loin des oreilles indiscrètes.

La pomme de discorde se nomme Jean-François

Gayraud. Ce commissaire de la DST est accusé par Squarcini d'être un des hommes liges du cabinet noir de Villepin. À l'en croire, il serait sinon à l'origine de la « machination » Clearstream, tout du moins une de ses pièces maîtresses. Pour Squarcini, c'est l'homme à abattre, mais Bousquet de Florian lui refuse sa tête et répond de la probité de son subordonné.

D'après un policier à l'époque en poste à la DST, le contentieux entre Squarcini et Gayraud remonte avant l'arrivée de Nicolas Sarkozy place Beauvau en 2002. Tout aurait commencé avec un renseignement récolté par le commissaire Gayraud en poste à la sous-division « B », celle chargée de la sécurité économique. Il y serait question d'un agent privé de renseignement, déjà fiché par la DST parce qu'il aurait été, dans les années 1990, impliqué dans un trafic d'armes avec des nationalistes corses. Un personnage trouble dont l'un des contacts réguliers se nomme Bernard Squarcini, alors numéro 2 des RG. La note de Gayraud atterrit sur le bureau de son patron, Jean-Jacques Martini. Celui qui est alors méchamment surnommé à la DST « le tourteau » pour son manque d'entrain au travail, y aurait vu une occasion de se faire mousser. Martini aurait donc fait un « bleu », la Rolls de la note, celle qui est jugée suffisamment importante pour sortir de la maison et atteindre l'Élysée. Le bleu serait arrivé entre les mains de Jean-François Clair, le numéro 2, estampillé à gauche, qui l'aurait déposé sur le bureau du directeur, Jean-Jacques Pascal. Ce préfet mélomane féru d'histoire de l'art égaré dans le renseignement était alors en vacances, à son retour il aurait signé la note qui se serait envolée vers le sommet de l'État.

Et c'est ainsi que l'information de Gayraud aurait pris de la puissance en montant dans l'organigramme. Or, parmi les six destinataires de la note, figurait la DGSE, où un contact de Squarcini l'aurait alerté sur ce bleu farfelu qui le mettait en cause. Fou furieux, le Squale aurait alors obtenu de la DST qu'elle fasse une nouvelle note mais sans son nom cette fois.

À peine Nicolas Sarkozy élu à l'Élysée, en 2007, Squarcini, aussitôt nommé à la tête de la DST, va faire le ménage. Bousquet de Florian finira exilé dans le Pas-de-Calais. En parallèle, le Squale entreprend dans l'ombre de nettoyer les RG, grâce à Joël Bouchité, leur nouveau patron. Très vite, Gayraud trouve un abri hors de portée de Bernard Squarcini dans un placard du ministère.

Aujourd'hui encore, à la DCRI, la malédiction Clearstream continue de sévir. Tous ceux qui ont approché l'affaire de près ou de loin sont marqués d'une flétrissure. La sous-division en charge de l'intelligence économique, celle où travaillait Jean-François Gayraud, est « triquée » par Squarcini. Deux de ses chefs ont fini par quitter Levallois. « Depuis Clearstream, Squarcini poursuit de sa vindicte Gayraud, déplore un commissaire de la DCRI. Il est obsédé par cette affaire. S'il apprend qu'Untel a travaillé sous les ordres de Gayraud, ne serait-ce que quelques mois, sa carrière est compromise[1]. »

---

1. Entretien avec les auteurs le 6 octobre 2011.

Devenu grand manitou du renseignement, Squarcini pourrait maintenant savourer sa victoire s'il n'y avait cette ombre au tableau : Michèle Alliot-Marie qui s'est installée place Beauvau. La fidèle de Chirac ralliée à Nicolas Sarkozy ne l'apprécie guère. Et pour cause : Sarkozy lui a donné les clefs d'une voiture sans volant, puisque c'est Squarcini qui pilote le renseignement.

Quand le Squale est nommé pour la première fois à la DST, il va rendre visite à sa ministre. À peine est-il entré dans le bureau de MAM, que celle-ci lui lance : « S'il n'y avait que moi, je ne vous aurais pas nommé. » Et Alliot-Marie d'évoquer des liens sulfureux avec de gros voyous corses dont elle aurait eu vent[1]. Il se raconte qu'au rendez-vous suivant, Squarcini serait arrivé tenant sous le bras un dossier siglé « Clearstream ». Histoire sans doute de prévenir : je sais quel rôle vous avez joué dans cette affaire du temps où vous étiez ministre de la Défense.

Ironie du sort, c'est en traquant un collaborateur de MAM, partie à la Justice, que le Squale, devenu patron de la DCRI, a depuis perdu quelques dents[2]. Mais sa carrière se sera nourrie de la paranoïa qui règne dans l'entourage de Nicolas Sarkozy. « Le Président me fait confiance, se vante Squarcini[3]. Nous sommes de la même génération. Il a toujours deux coups d'avance, il faut lui en proposer un troisième. Il a besoin d'être rassuré. C'est usant, mais

---

1. Voir « La brise avant la tempête », p. 213.
2. Voir « Un squale au bout de la ligne », p. 41.
3. Entretien avec les auteurs le 28 décembre 2011.

passionnant. » Cette peur du complot qui cimente la Firme lui aura permis d'accomplir son rêve. Devenir le grand chef des grands secrets intérieurs.

2

006

C'est son restaurant préféré. Un lieu fétiche, à la fois annexe de son bureau et presque un deuxième domicile. Un QG où il reçoit ses amis comme ses sources. Lorsqu'il donne rendez-vous, il dit de sa voix affable et complice, teintée d'un très léger accent corse : « Allez, viens à la Villa XV. » Comprendre : la « Villa corse », celle du XVe arrondissement, pas celle du XVIe, porte Maillot, trop proche de son boulot. Sa table, c'est celle juste à l'entrée, à gauche. C'est écrit sur une plaque en cuivre[1] : « Bernard Squarcini ». Au-dessus est accrochée une photographie en noir et blanc d'un bandit corse. Banquette confortable ras du sol, lumières tamisées. Pour s'entendre, les convives doivent se pencher l'un vers l'autre. Un début de complicité. D'ici, attablé face à l'entrée, il surveille

---

1. Bernard Squarcini partage cette table avec Charles Pelligrini. Autre Corse, autre policier, mais à la retraite, il possède sa propre société de conseil en sécurité et veille aux destinées de l'Aviation, un cercle de jeux.

les allées et venues. L'adresse attire des députés, des sénateurs, des flics et l'état-major de la Fédération française de football, installée de l'autre côté du boulevard de Grenelle. C'est ici, à la « Villa XV » que, à quelques jours du fiasco électoral de la droite aux régionales de mars 2004, Squarcini a convié Nicolas Sarkozy. Le ministre de l'Intérieur était accompagné de tout l'état-major policier. Sur le livre d'or, Sarkozy se réjouit d'avoir passé « un vrai bon moment ! ». Effectivement, la table est bonne. Corse d'origine contrôlée, évidemment. Comme l'essentiel du personnel.

Comme le patron « Tintin », la soixantaine élégante, pantalon noir, éternelle chemise blanche, c'est lui qui reçoit. Ce jour-là[1], dans les médias, il est question de fadettes et d'une possible mise en examen du directeur central du renseignement intérieur pour avoir tenté d'identifier une source d'un journaliste.

« Qu'est-ce qu'il s'emmerde, Bernard... Et quand on voit ce que les journalistes lui mettent dans la gueule... Vous buvez quelque chose ? Franchement, ils ne sont pas sympas... Et Sarko, il le soutient, Sarko ?... Franchement, il leur a tout fait... Les terroristes, les coups tordus... Tiens, le voilà. »

Berline de ministre, chauffeur, mais pas de moto suiveuse. Le « maître-espion » est installé à la place du mort, le fauteuil reculé au maximum, une pile de parapheurs sur les genoux. Pas d'arme apparente. Une place de parking lui est réservée devant l'établissement. Silhouette et visage rond, crâne dégarni,

---

1. Le 12 septembre 2011.

allure bonhomme du moine trappiste, « Bernard » salue le voiturier, le petit personnel et fait la bise au patron, tout en lui lançant : « 'tain, Tintin, t'as grossi, t'as bien profité… » Puis, tombant le blazer pour laisser apparaître chemise bleu-gris et boutons de manchette argent, il s'enfonce dans la banquette, deux portables sur la table, en lançant : « Allez, tu nous payes un coup ? » Ce sera du rosé frais. AOC Corse, évidemment

Durant le repas, avant de quitter son restaurant en plein service, Tintin vient claquer une bise d'au revoir à Bernard. En lui disant, à voix basse : « Il faut que je te voie. Tu sais… J'ai mon dossier qui est prêt. – OK, tu m'appelles… » Plus tard, au moment de payer l'addition, au comptoir et en liquide, le garçon lancera : « Monsieur Bernard, au fait, Antoine m'a dit qu'il allait vous laisser une enveloppe. ». Rire du policier qui, jouant du possible quiproquo, se tourne vers son invité du jour : « On se fait moit-moit ? »

Depuis le 1er juillet 2008, Bernard Squarcini est donc à la tête de la DCRI, le « service de renseignement intérieur de la cinquième puissance du monde », comme il se plaît à répéter. Il dirige les 4 000 fonctionnaires de ce « FBI à la française » voulu par le président Nicolas Sarkozy[1]. Dont 1 800 basés à Levallois-Perret. À vingt minutes sans gyrophare de la « Villa XV », à dix avec.

---

1. Le décret de sa création, signé par le président de la République, le premier ministre, la ministre de l'Intérieur et la Garde des sceaux, est daté du 27 juin 2008.

Bernard Squarcini avait espéré voir Nicolas Sarkozy inaugurer son nid d'espions. Las ! c'est Michèle Alliot-Marie qui est venue, seule, couper le ruban tricolore. Le cabinet de la ministre de l'Intérieur tenait à tirer quelques bénéfices médiatiques de ce « FBI à la française » qu'elle n'avait pas souhaité. Elle a imposé au patron de la DCRI d'être accompagnée d'une escouade de journalistes. Lesquels ont eu droit à une conférence de presse en sous-sol, dans une salle de réunion sans fenêtre. Puis à une exposition sur la traque, côté pays basque français, de militants de l'ETA. Et c'est tout. Bien entendu, pas question d'aller fureter dans l'immeuble. Encore moins dans le bureau du patron, au huitième étage.

Ils sont rares, les journalistes à avoir eu accès à ce saint des saints. À l'exception de ceux que Squarcini traite comme sources et de quelque chanceux[1]. L'endroit est vaste et fonctionnel. À l'ouest, les baies vitrées offrent une vue sur la banlieue chic. À l'est, c'est Paris. L'antre du Squale comporte deux parties. Celle où l'on accueille le visiteur avec un canapé confortable, des fauteuils-clubs, une table basse où s'amoncellent des livres, plus une grande table de travail. Sur les étagères, comme chez tout flic, un amoncellement de trophées et autres breloques reçus de services amis, étrangers ou non. Mais aucun gadget made in DCRI : Squarcini n'en veut pas. La partie bureau, à proprement parler, n'est pas, elle, directement accessible au premier venu. Le directeur

---

1. Les auteurs n'en font pas partie. La description du bureau a été reconstituée à partir de multiples témoignages.

travaille dos à la vitre que l'on suppose blindée. À ses côtés, plusieurs écrans. Dont l'un branché sur sa résidence de Digne-les-Bains.

Là-bas, où il a grandi, il a fait installer par la DCRI cinq caméras de « vidéo-protection ». Assis derrière son bureau à Levallois, il peut désormais garder un œil dessus. Le 18 mai 2009, quatre membres d'un comité de soutien au groupe de Tarnac[1] ont été inter-pellés du côté de Forcalquier et placés en garde à vue. Dix jours plus tôt, lors d'une manifestation, ils avaient diffusé une photo de sa boîte à lettres et son adresse sur un tract que le directeur central du ren-seignement intérieur a considéré comme une menace. « C'est la première fois qu'on vient me chercher », s'était alors emporté Squarcini.

Et, comme l'aimable poisson cartilagineux qui lui vaut son surnom, le Squale n'aime pas qu'on « vienne le chercher ». Encore moins qu'on s'en prenne aux siens. Il n'a ainsi guère goûté d'être suspecté d'une quelconque partialité dans l'affaire Guérini, sous pré-texte que ses enfants émargeaient au Conseil géné-ral[2]. Incontestablement, Bernard Squarcini a un sens clanique de la famille.

« Chez nous, le mieux placé doit aider l'autre, raconte-t-il[3]. L'été, je vais déjeuner dans une paillote à la plage. Lorsque je rentre au village, il y a quatre ou cinq voitures devant chez ma mère. Ils attendent pour me voir. Il y a celui qui aimerait que son fiston

---

1. Voir « Bernard la Menace », p. 255.
2. Voir « Un requin dans le Vieux Port », p. 241.
3. Entretien avec les auteurs le 28 décembre 2011.

gardien de la paix ait une mutation, l'autre qui voudrait que je rende tel service… Du coup, je vais chez le voisin boire un verre. J'attends qu'ils soient tous partis. Quand je rentre, ma mère m'a mis de côté toutes les demandes d'intervention : "Tiens, on t'a laissé du courrier." Si tu ne donnes pas suite, tu es mort. Vous ne pouvez pas comprendre. »

Pas vraiment un profil à la James Bond. Corse par son père et sicilien par sa mère, Bernard a vu le jour en 1955 au Maroc. C'est là-bas qu'ont convolé Jean-Camille et Vincente, l'un comme l'autre ayant dû quitter leur île respective pour Rabat. Le grand-père Squarcini, qui cultivait un lopin de terre à Cuttoli-Corticchiato, à une vingtaine de kilomètres au nord-ouest d'Ajaccio, a poussé son fils dans l'avion. Un homme du village a avancé le prix du billet que Jean-Camille rembourse en se faisant garçon de café, puis plus tard policier.

Bernard a tout juste un an lorsque les Squarcini quittent le Maroc devenu indépendant. Direction Constantine en Algérie. Signe annonciateur de son ascension, le futur espion du président a alors comme institutrice la mère de Pierre Mariani, lequel deviendra directeur de cabinet de Nicolas Sarkozy promu pour la première fois ministre à Bercy. Félix[1], le frère aîné, aura droit, lui, aux leçons d'un certain Enrico Macias, devenu des années plus tard un fan du président Sarkozy. Chaque été, Bernard est envoyé au

---

1. Après avoir effectué toute sa carrière dans la pénitentiaire, il a été admis à faire valoir ses droits à la retraite à compter du 1er février 2012. Directeur des services pénitentiaires hors classe, il occupait alors les fonctions de responsable du centre de détention d'Argentan dans l'Orne.

village avec son frère. C'est avec leur grand-père, qui ne parle pas français, qu'ils vont apprendre la langue corse. C'est aussi avec lui que Bernard va s'initier à la chasse et au braconnage. La famille est ballottée au gré de la décolonisation. En 1962, nouveau départ, pour le continent cette fois. Les Squarcini posent définitivement leurs valises à Digne, dans les Alpes-de-Haute-Provence, où Jean-Camille devient gardien de la paix. « Lorsqu'il est mort en 1997, j'ai demandé ses états de service à la Direction de l'administration de la police nationale. Il a fini brigadier au 18e échelon. J'ai retrouvé toutes ses affectations et ses notes. C'est lui qui m'a donné le goût du drapeau. Pourtant il m'avait dit : "Ne deviens pas flic. Fais juge avec ta maîtrise de droit." Je lui ai désobéi, je ne le regrette pas[1]. »

C'est au lycée de Digne qu'il rencontre Sylvie Bayetti. « Elle est originaire d'une famille de gauche à moitié juive, raconte-t-il volontiers[2]. Elle a un frère avocat et une sœur fonctionnaire. On s'est suivis à Aix. Elle a fait des études de secrétaire de direction. » Un ancien collègue des RG assure « bien connaître l'épouse de Nanard. Elle ne travaille pas. Elle s'occupe très bien des enfants. Très bien de lui aussi… ». Autrement dit, c'est elle qui dirige la maison.

Lorsque Squarcini était l'adjoint d'Yves Bertrand, la famille vivait en banlieue parisienne. Madame ne s'y plaisait manifestement pas. D'autant qu'elle ne voyait guère son époux, gros travailleur. Elle a décidé de retourner à Digne. « J'ai permis à Squarcini de

---

1. Entretien avec les auteurs le 28 décembre 2011..
2. Entretien avec les auteurs le 12 septembre 2011.

quitter Paris tous les jeudis soir, se souvient Bertrand. Il ne rentrait que le lundi midi. Comme cela, il était avec sa famille. ». Bien loin encore de l'image du baroudeur.

Bien qu'il s'en défende aujourd'hui, le Squale a beaucoup appris de « Tonton » Bertrand. Tous les deux auraient pu s'approprier les formules du père Queuille. Cet inamovible ministre de la IVe République, qui aimait à dire : « La politique ne consiste pas à faire taire les problèmes, mais à faire taire tous ceux qui les posent », ou encore : « Quand vous êtes embêtés, embrouillez tout. »

« Squarcini était très doué, raconte l'ancien directeur central des Renseignements généraux. Même s'il ne sait pas écrire, il est doté d'un très bon esprit de synthèse et il va au contact. » Comme cette fois-là, en 2002. Le juge Éric Halphen s'apprête à publier *Sept ans de solitude*[1]. Ce témoignage est consacré à son expérience de magistrat face à Chirac, dans l'affaire dite des HLM de la Ville de Paris. Bertrand, inféodé à Chirac, missionne Squarcini. Objectif : récupérer le bouquin avant qu'il ne paraisse. Le Squale prend alors attache avec le collaborateur du magistrat sur ce livre, Guy Benhamou, un journaliste de *Libération* qu'il connaît bien puisqu'il couvre les affaires corses. Il lui propose de « l'argent contre les épreuves du bouquin »[2]. En vain. Une méthode que le patron de la DCRI juge sûrement dépassée, lui qui jure aujourd'hui que les opérations de basse police

---

1. Denoël, Coll. Impacts, 2002
2. Entretien téléphonique avec les auteurs le 1er décembre 2001.

n'existent plus : « C'est la fin d'une époque. Les bonnes notes d'Yves Bertrand sur la vie privée des uns et des autres appartiennent au passé... Nous ne sommes pas là pour nuire aux libertés individuelles. Aujourd'hui si vous voulez savoir quelque chose sur quelqu'un, vous allez sur Facebook et sur Google[1]. »

Justement, allons-y. Notre maître espion, obsédé par le secret, est enregistré sur le site « Copain d'avant », qui permet à des anciens élèves de se retrouver. Grâce à cette merveilleuse source d'information, nous avons retrouvé l'un de ses petits camarades de classe. François Guercin était au collège Gassendi avec Bernard. Les Guercin tenaient le garage juste à côté du commissariat où était affecté Jean-Camille Squarcini. « Il n'appartenait à aucune bande et était assez solitaire. Il avait déjà un goût pour le secret. À l'époque j'étais gauchiste-anar. On discutait surtout politique. Plus jeune, on allait faire de la luge ensemble, des virées en mobylette. »

Le jeune amateur de deux-roues a gardé cette passion. En changeant de cylindrée au fur et à mesure qu'il grimpait dans la hiérarchie policière, tout de même. Sur son téléphone portable, il conserve les photos de sa dernière acquisition. Une Norton « Commando », couleur noire avec lisérés dorés. De la belle mécanique, très vintage. « Je l'ai achetée d'occase, 8 500 euros. Elle avait 18 000 kilomètres. Je l'ai confiée à un retraité des services, à Marseille. Et il me l'a bichonnée. C'est un bijou. J'ai acheté la panoplie qui va avec. J'ai commandé en Angleterre la housse et les outils pour l'entretenir. Et puis je suis allé dans

---

1. Entretien avec les auteurs 12 septembre 2011.

un magasin spécialisé, avenue de la Grande-Armée à Paris, me payer un casque Cromwell, des lunettes carrées, un blouson cuir noir et le Barbour par-dessus[1]. » Une veste de toile huilée qu'il affectionne au point de l'avoir achetée en quatre exemplaires. Pour compléter la « panoplie », un Smith et Wesson 2 pouces chargé à cinq. « Lorsque je me balade à moto ou le week-end, quand je sors mon chien, j'ai mon calibre. Sinon, pour les missions délicates, j'ai un Glock 17 coups[2]. »

À Paris, il a longtemps roulé en Yamaha TDM 900, le même engin qu'utilisent les policiers chargés de la protection des hautes personnalités. « En Corse, j'ai une Susuki DR 650. Elle fait un superbe bruit. »

Pantouflard à Digne, le Squale passe plus que ses vacances en Corse. Il y a gagné sa bonne comme sa mauvaise réputation mais aussi son poste actuel. Ses parrains insulaires étaient trois, comme les Rois mages : Charles Pasqua, Philippe Massoni et Charles Léandri. La connaissance des clans et de la géographie insulaire a fait le reste. Et lui a permis de trouver sa place en Sarkozie. Une fois au moins, courant 2010, le Squale a emmené Nicolas Sarkozy chez lui, au village. À Cuttoli-Corticchiato, où il a hérité de la maison du grand-père. Enfin, pas tout à fait chez lui, mais au restaurant gastronomique « A casetta ». Pas facile à trouver cette « petite maison » en pierres avec terrasse. À l'intérieur : des poutres apparentes, un aquarium vivier, et une décoration kitsch qui

---

1. Entretien avec les auteurs le 12 septembre 2011.
2. Entretien avec les auteurs le 28 décembre 2011.

tranche avec la qualité de la cuisine. Le menu typique et unique est à 55 euros pour « une cuisine fidèle à sa culture, généreuse, rare, et hospitalière », vante la publicité. Mais Sarkozy, Squarcini et leurs invités ont eu droit, paraît-il, à un menu spécial.

Le patron de la DCRI est suffisamment proche du Président pour le tutoyer et l'appeler par son prénom, du moins en privé, et pour claquer la bise à Jean Sarkozy le fiston. Pourtant, Squarcini n'était pas sarkozyste : il le serait devenu par « nécessité de services », comme on dit chez les fonctionnaires de police. Selon les mauvaises langues de Levallois, le Squale se serait transformé en *corsinu*, un chien de berger en italien.

Désormais, « plus qu'un flic, Bernard est un poli-tique, persifle un ancien collègue des RG. Une semaine après sa prise de fonctions, je suis allé le voir dans son bureau, il y avait une pile de bouquins sur la table, que des titres invraisemblables, du jus de crâne. Il m'a dit : "Voilà ce que je dois lire, j'ai une allocu-tion à faire…" Il était entré dans un autre jeu. Le jeu politique. Plus on monte, plus on a peur, plus on ferme sa gueule, et c'est pareil pour le Squale. Son but était d'arriver. La mission passe alors au second plan. »

Pour se hisser au sommet, Bernard Squarcini a beaucoup et bien travaillé. Au boulot à 7 heures du matin, fermeture du bureau à 22 heures. Un zèle qui l'a fait repérer par Jacques Fournet. Cet homme de gauche, qui exerce désormais ses talents dans l'indus-trie de la pharmacie, a dirigé successivement, de la fin des années 1980 au début des années 1990, les Rensei-gnements généraux puis la Surveillance du territoire.

En 1988, le Squale est en poste à Ajaccio comme numéro 2 des RG avant de devenir numéro 1 à Pau, dans les Pyrénées-Orientales. Fournet lui demande alors de venir à Paris s'occuper des Corses, des Bretons et des Basques. « Sur l'antiterrorisme, c'était de loin le meilleur du meilleur. Il avait l'esprit "terro", se souvient-il[1]. Lors de la traque d'un chef d'ETA, ses hommes et lui, alors commissaire, ont planqué jour et nuit pendant trois semaines, dans des trous, à quelques centaines de mètres de la cache de la cible. Un boulot de pro parmi les pros, souffle encore admiratif le préfet. Ce jour-là, il m'a impressionné. »

Si Squarcini a choisi le renseignement, c'est sans doute par goût de la chasse. Son plaisir, c'est moins d'attraper que de pister, d'être derrière la proie sans qu'elle s'en rende compte. Bernard aime d'ailleurs raconter que c'est lors de ses vacances, à Cuttoli-Corticchiato, qu'il a appris à piéger le gibier en regardant son grand-père braconner…

Certain de tenir là le bon chien de chasse, Fournet le fait monter à Paris où il intègre la cellule recherche. Une bonne école qui lui a permis de prendre le grade de commissaire divisionnaire et de devenir sous-directeur de la recherche en 1993 au moment où Pasqua revenait à l'Intérieur et où Fournet quittait la direction de la ST.

Un brin jaloux, Joël Bouchité, l'ancien patron des Renseignements généraux, le dit, pour sa part, « ébloui par le pouvoir ». En précisant très

---

1. Entretien avec les auteurs le 13 septembre 2011.

cruellement : « Bernard est plus docile qu'habile. Il ne cesse de donner des signes d'allégeance. Les voyous corses le savent bien, qui, dans l'affaire de la SMS[1] comme dans celle du Cercle Wagram[2], disent entre eux : "Squarcini, c'est notre serviteur". »

Sa faconde, sa rondeur, autant que ses galons, ont permis au patron de la DCRI d'intégrer des cercles restreints, une sorte de coterie où cohabitent gaudriole virile et guilde du secret. Comme nombre de grands flics, il appartient au club de la Poularde. À l'origine, cette confrérie, qui ripaille à la Closerie des Lilas, était réservée aux seuls cadors de la police judiciaire. Malgré cela, Squarcini s'y est imposé. Idem pour le club de Quenza. Tous les 5 août, ce club à la fois sélect et rabelaisien se réunit à Quenza, en Corse du Sud, autour de son président-fondateur à vie, le promoteur immobilier Marc Pietri.

Mais Squarcini a raté l'édition 2011 de ces agapes, où ces messieurs refont la Corse et le monde. Le maître-espion avait quelques soucis. Alors qu'il effectuait la traversée continent-Corse, à bord du ferry *Napoléon-Bonaparte*, en compagnie de son chien qui ne supporte pas l'avion, il a égaré son portefeuille et avec lui sa carte professionnelle de directeur central du renseignement intérieur.

Ce n'est pas à James Bond que pareille mésaventure serait arrivée...

---

1. Voir « Nanard et les cagoulés », p. 198.
2. Voir « Rien ne va plus », p. 227.

3

Un squale au bout de la ligne

Acqua in bocca é sanghetti a i pedi. L'eau dans la bouche, même avec des sangsues aux pieds. En Corse, c'est par cette formule qu'on signifie à son interlocuteur qu'il ne doit pas parler, qu'il doit garder le secret quoi qu'il arrive. Ce n'est sans doute pas un hasard si Nicolas Sarkozy a confié à un Corse le renseignement intérieur.

Bernard Squarcini, ne s'en cache pas. Il est celui qui met de « l'eau dans la bouche » des bavards. Quelques mois après son arrivée à la DCRI, ne l'a-t-on pas vu se promener avec sous le bras un dossier, répétant à l'envi qu'il tenait là la liste des « bavards de la République » ? Les noms des ministres et hauts fonctionnaires qui ont le tort de trop parler aux journalistes.

Le 17 juillet 2010, Squarcini a versé un peu trop d'eau dans la bouche du bavard. S'affranchissant de toutes les règles, il a fait éplucher la « fadette », la liste des appels téléphoniques, d'un journaliste pour identifier sa source.

Ce jour-là, Bernard est à la noce en Corse. Un beau mariage pour finir ses vacances. Dans deux jours, le directeur central du renseignement intérieur sera de retour sur le continent, à Levallois-Perret, au siège de la DCRI. Après la messe, c'est l'heure de l'apéritif. Il sera bientôt temps de passer à table. Soudain, un de ses deux portables retentit : c'est Frédéric Péchenard, le directeur général de la Police nationale. « Péche » fait la lecture au Squale d'un article à la une du *Monde* qui va incessamment être mis en vente à Paris. Le journal révèle, procès-verbaux d'audition à l'appui, les liens troubles qui unissent Éric Woerth, ministre du Travail, trésorier de l'UMP, et Patrice de Maistre, gestionnaire de la fortune de Liliane Bettencourt, l'héritière de L'Oréal. Les PV en question sont tout chauds : ils datent du 16 juillet. Quinze jours plus tôt, la comptable de la femme la plus riche de France avait déjà provoqué un séisme médiatique en affirmant avoir retiré à la demande du gestionnaire 150 000 euros destinés à Éric Woerth pour le financement de la campagne présidentielle de Sarkozy en 2007.

À la lecture du *Monde*, le chef de l'État est entré dans une colère noire. À travers l'un de ses plus proches ministres, qu'il envisage alors de promouvoir à Matignon, c'est lui, Nicolas Sarkozy, que l'on cherche à atteindre. Il ne s'agit pas seulement de trouver la source d'un journaliste, mais de déjouer un complot politique. Le chef de l'État veut connaître l'identité de la taupe. Serait-ce le juge d'instruction ?

Son greffier ? Un magistrat du parquet ? Les policiers ? Ou un membre de la chancellerie ?

Après que Frédéric Péchenard lui a lancé au téléphone : « Identifie-moi la balance, Bernard », le
Squale compose à son tour un numéro. Celui de son
adjoint, Frédéric Veaux. Il faut faire vite : pour trouver la taupe, le plus simple est d'éplucher les factures
téléphoniques détaillées de l'auteur du papier, Gérard
Davet. Squarcini transmet le numéro du journaliste à
son adjoint.

Veaux confie, à son tour, la mission au commissaire
divisionnaire Stéphane Tijardovic, lui aussi de permanence en ce grand week-end de Fête nationale. Le
responsable de la sous-division R[1] spécialisée dans les
recherches techniques récupère directement auprès de
l'opérateur Orange les fadettes du journaliste. Il a suffi de vérifier les appels de Gérard Davet sur quatre
jours uniquement. Du 12 au 16 juillet, juste avant
que le quotidien du soir ne publie les PV Betten-
court-Woerth. Apparaissent une quinzaine d'appels
et de SMS échangés avec David Sénat, un conseiller
de la ministre de la Justice, Michèle Alliot-Marie. Et
le 16 juillet, figure une conversation qui s'éternise
de 21 h 15 à 23 heures. Pour le Squale c'est l'occasion d'attraper au collet une vieille connaissance
qu'il déteste depuis toujours. Sénat est non seulement
un conseiller de Mam avec laquelle Squarcini est en
guerre permanente, mais aussi l'ami d'un ennemi,
Jean-François Gayraud, cet ex-commissaire de la DST
soupçonné d'avoir trempé dans l'affaire Clearstream.

---

1. Voir « La sous-division R », p. 116.

Toute cette affaire serait restée secrète si Squarcini n'avait pas voulu être sur la photo devant le tableau de chasse. Dès le mois d'août 2010, la nouvelle soufflée par le chef du renseignement est parvenue jusqu'aux oreilles des journalistes qui suivent la police. Le 2 septembre 2010, *Marianne* se fait l'écho sur son site qu'une taupe à la Chancellerie, nommée David Sénat, a été confondue puis congédiée. Le jour même, Bernard Squarcini rédige pour le procureur de Paris, Jean-Claude Marin, une lettre de deux pages dans laquelle il fait part de ses doutes sur Sénat suite à des « vérifications techniques ». Pour justifier sa bafouille, il invoque l'article 40 du Code de procédure pénale qui oblige tout fonctionnaire à signaler un crime ou un délit dont il a connaissance.

Un an plus tard, le 17 octobre 2011, voilà le grand chef du renseignement mis en examen pour « atteinte au secret des correspondances », « collecte de données à caractère personnel, par un moyen frauduleux, déloyal ou illicite » et « recel de violation du secret professionnel »[1]. Quelques semaines plus tard, le Squale nous fait le récit très personnel de son audition[2] : « J'ai offert à la juge le bouquin de Davet et Lhomme, *Sarko m'a tué*, en lui disant : "Lisez le chapitre sur Sénat. Tout ce que j'ai à vous dire est

---

1. Bernard Squarcini échappe à la « violation du secret des sources », cette disposition censée garantir au journaliste l'anonymat de ses informateurs. Un délit que le magistrat instructeur n'a pas retenu puisque la loi ne prévoit aucune sanction.
2. Entretien avec les auteurs le 28 décembre 2011.

dedans. Les auteurs affirment que Sénat est payé par MAM pour balancer des PV afin de démolir des hommes politiques." » Et, pour justifier le procédé utilisé pour récupérer les fameuses fadettes, Squarcini aurait argumenté devant la magistrate : « Vous savez, j'aurais très bien pu recruter un hacker pour faire les fadettes. »

Dans les cérémonies officielles, ça ne frétille plus autour du Squale avec des airs inspirés, gonflés de secrets. Le boss de la DCRI reste isolé dans son coin, pianotant nerveusement sur un de ses téléphones portables. « Lorsque j'ai été mis en examen, ma mère m'appelle, persuadée que j'avais perdu mon boulot, s'énerve-t-il. Tous les voisins étaient venus lui présenter leurs condoléances. Les enculés ne voient pas ça. Je leur rendrai coup sur coup. Je suis prêt à leur mettre un coup de crosse et leur casser les dents[1]. »

Ce qui est pour le moment passé inaperçu, c'est le système d'espionnage en douce des téléphones portables que la DCRI semble avoir utilisé à grande échelle depuis sa création.

Avant de le rejoindre dans cette brasserie de la Nation, nous avons laissé nos téléphones comme il nous l'avait demandé. Il a choisi la table du fond, celle qui permet d'embrasser du regard tout le bistrot. Paris commence à prendre les couleurs de septembre et dans les journaux « l'affaire Woerth-Bettencourt » est devenue « l'affaire des fadettes ».

---

1. Bernard Squarcini a porté plainte contre *Le Monde*.

« Désormais, quoi qu'on fasse, même si c'est pour lutter contre le terrorisme, on sera toujours suspectés d'avoir cédé pour de mauvaises raisons à la pression du politique. De faire de la basse police comme au temps des RG[1] », déplore Jean-Philippe. Ce commissaire fait partie des troupes de la DST qui ont rejoint en 2008 la DCRI lors de la fusion avec les Renseignements généraux. « Les services ont parfois besoin de mordre sur la ligne rouge, mais cela doit rester exceptionnel, quand par exemple la sécurité nationale ou les intérêts vitaux de l'État sont menacés. Si on découvre que c'est pour piéger un journaliste ou pour contrer un adversaire politique, le système implose. »

Il jette un regard suspicieux sur le couple qui vient de s'installer à la table voisine. Puis, rassuré, continue : « Cette affaire nuit à l'image de la maison. La DST a traîné les "plombiers du *Canard*[2]" pendant trente ans, la DCRI va traîner cette histoire et ce sera la faute de Squarcini. Les types ont été pris la main dans le sac avec un système que personne ne connaissait et qui fonctionnait depuis des années. »

C'est donc bien l'une des bottes secrètes de la DCRI qui vient d'être éventée. Le Graal pour un service de renseignement, ce sont les fameuses fadettes qui permettent de savoir qui communique avec qui, y compris par SMS ou MMS. « On charge les données dans un logiciel spécialement conçu pour les

---

1. Entretien avec les auteurs le 20 septembre 2011.
2. Le 3 décembre 1973, des journalistes surprennent dans les locaux de l'hebdomadaire deux « plombiers », en fait des agents de la DST occupés à installer des micros.

analyser », raconte Jean-Philippe. En interrogeant l'ordinateur le policier peut ainsi tout connaître des habitudes de la cible, l'heure à laquelle elle se réveille grâce à l'alarme de son portable, les personnes dont elle est la plus proche en faisant ressortir la fréquence et la durée des contacts. « Ensuite, on peut cibler en demandant des écoutes, des interceptions Internet, ou en déclenchant des moyens d'investigation plus sophistiqués comme la sonorisation d'une voiture ou d'un appartement. »

Les fadettes qui ne sont pas commandées par un juge, doivent normalement recevoir le coup de tampon de la CNCIS, la Commission nationale de contrôle des interceptions de sécurité, créée après le scandale de la cellule de l'Élysée sous Mitterrand[1] pour contrôler les grandes oreilles des services. À peine instaurée, la CNCIS a été contournée. La DST usait d'un circuit parallèle et illégal pour récupérer directement auprès des opérateurs téléphoniques fadettes, identification du numéro et données de géolocalisation. Lorsque les autres services de police ont eu vent de ce passe-droit, ils se sont montrés jaloux : le contre-espionnage a dû formaliser ses requêtes aux opérateurs. Désormais, le responsable de la sous-division R, à la DCRI, doit apposer sa signature sur les demandes de fadettes. « Le système n'est ni légal ni illégal, il est juste en marge de la loi », souffle un ponte de Levallois. Le Squale sait qu'il a la possibilité

---

1. De 1983 à 1986, la cellule, composée essentiellement de gendarmes, écouta de manière illégale 150 personnes pour le compte du président d'alors, François Mitterrand.

d'utiliser le portable des journalistes pour harponner leurs sources.

Avant que la justice n'aille mettre son nez dans l'arrière-cuisine de la DCRI, le grand manitou du renseignement intérieur avait déjà eu un coup de chaud. Plusieurs personnes nous ont raconté cette péripétie : en juillet 2009, lors d'un contrôle chez un opérateur, Jean-Louis Dewost, le président de la CNCIS, fait une étonnante découverte. Les policiers de Levallois commandent dans son dos des fadettes. Sommé de s'expliquer, Squarcini se réfugie derrière l'article 20. Une disposition de la loi du 10 juillet 1991 sur les « interceptions de sécurité » permet « aux seules fins de la défense des intérêts nationaux », la surveillance « des transmissions empruntant la voie hertzienne ». Dewost comprend alors que les services de renseignement le dupent. Énarque, membre du conseil d'État, spécialiste du droit européen, l'homme est un rigoriste et un légitimiste. Il prévient les opérateurs de téléphonie qu'ils se mettent hors la loi en renseignant la police sans son aval. Piqué au vif, Jean-Louis Dewost va redoubler de vigilance. La CNCIS va regarder de près les faciiltés accordées aux services pour récupérer les fadettes dans les affaires de terrorisme[1]. Concernant les écoutes téléphoniques elles-mêmes, elle va multiplier les contrôles en se penchant sur les retranscriptions des conversations. En 2010, elle fera ainsi stopper 57 « zonzons » comme on dit dans le jargon. À sept reprises, elle alertera même le Premier ministre parce que le motif

---

1. Voir « Bernard la Menace », p. 255.

invoqué ne colle pas avec le contenu des écoutes[1]. En clair, ces personnes écoutées à leur insu n'auraient jamais dû l'être ! S'agissait-il de journalistes, d'avocats, voire de personnalités politiques ? Interrogée, la Commission nous a répondu que ces renseignements « relèvent du régime des informations classifiées et ne peuvent pas être communiqués[2] ».

Panique à Levallois-Perret ! Les suspicions de la CNCIS compliquent le travail des contre espions. « Tout était verrouillé. Même pour les procédures en urgence, c'était la croix et la bannière[3], se souvient Juliette, officier à la DCRI. On se filait les mots clefs qui marchaient. Il fallait semer du terrorisme un peu partout pour avoir une chance de voir nos demandes passer. » Et d'ajouter avec un sourire charmant : « Pendant un an on a beaucoup menti... » À l'issue de l'entretien, comme prise d'un doute, Juliette nous lance : « La grande question, dans les relations avec la presse c'est qui manipule qui.

– On n'aura jamais la réponse.

– J'espère quand même que ce sont les services de renseignement... »

Plus tard, lorsqu'il quittera la CNCIS, Jean-Louis Dewost prendra soin d'alerter le Premier ministre des petits arrangements de la DCRI avec les opérateurs. Matignon est en effet censé donner le coup de tampon final aux demandes d'écoute après le passage par la Commission.

Au moment où « l'affaire des fadettes » éclate,

---

1. CNCIS, 15e rapport d'activité, 2010.
2. Courrier électronique de la CNCIS du 14 décembre 2011.
3. Entretien avec les auteurs le 22 avril 2011.

rue de Varennes on saute sur l'occasion. Jean-Paul Faugères, le directeur de cabinet de François Fillon, se fend d'une lettre au ministre de l'Intérieur pour lui rappeler que la DCRI n'a pas le droit d'aller se servir directement chez les opérateurs sans passer par la CNCIS. Un coup de pied de l'âne. Depuis belle lurette, on est convaincu dans l'entourage de Fillon que la Direction centrale du renseignement intérieur triche, au point que ses conseillers et le Premier ministre lui-même se méfient de leur téléphone et doutent, parfois, de la confidentialité de leurs échanges.

Un restaurant pas loin du siège de la DCRI, mais de l'autre côté du périphérique, versant Paris. L'endroit est discret et sympathique. Dans l'assiette comme dans le verre, des produits corses. Meilleurs encore qu'à la Villa corse. Frédéric Veaux, l'adjoint de Squarcini, est arrivé en avance, pour repérer les lieux. Un réflexe de flic. Dix jours plus tôt, il a été entendu comme témoin assisté par la juge Zimmerman dans l'affaire des fadettes. Mais, à la différence de son patron, il n'a pas été mis en examen. « Dans ma vie de flic, j'ai pu faire des conneries. Là, ce n'est vraiment pas le cas. »

Et commence alors son récit de ce maudit 17 juillet 2010, un samedi, vers 13 heures.

« J'étais au bureau, comme tous les samedis matin. Aux commandes parce que Bernard était à un mariage en Corse. Le lendemain, je partais en congé. Je ne connaissais pas Davet, Squarcini m'a donné son numéro. Je ne lui ai pas demandé comment il savait qui était la taupe. Dans le bureau voisin, Tijardovic était de permanence. C'est lui qui a fait le boulot. Simplement, c'est moi qui ai décidé qu'on ne ferait les fadettes du journaliste que sur quatre jours. Voilà, c'est tout. Avant que nous ayons rendez-vous avec les magistrats, j'avais prévenu Bernard : il faut dire la vérité et on n'aura pas de soucis. Je lui ai dit, à moitié en plaisantant : fais gaffe, les juges peuvent demander nos fadettes[1] ! »

Lorsque Frédéric Veaux arrive à la DCRI, il a vingt-six ans de police judiciaire derrière lui. C'est un pur « péjiste », comme on dit dans le jargon. Comprenez : un policier qui a toujours travaillé sous l'œil des magistrats. L'inverse de l'espion. À Levallois, Veaux est comme un corps étranger. Dans le monde du renseignement, les tables de la loi ne sont pas le Code de procédure pénale, mais le « pas vu pas pris ». Quand le numéro 1 lui ordonne de faire espionner le journaliste, Veaux s'exécute tout en posant des limites. En revanche, Frédéric Péchenard, lui, n'a pas de scrupules. Comme Bernard Squarcini il fait partie des Sarko boys, prêts à tout pour défendre le Président. Installé à son bureau, le directeur général de la Police nationale checke ses e-mails. Il dit en avoir reçu des dizaines depuis sa prestation du vendredi 9 septembre 2011, sur France Info, au cours de laquelle il a confirmé avoir demandé à la DCRI d'identifier « le haut fonctionnaire qui divulguait des informations confidentielles sur une affaire judiciaire en cours ».

---

1. Entretien avec les auteurs le 21 octobre 2011.

« Tiens le dernier mail reçu[1] » nous dit-il lorsque nous le rencontrons. Frédéric Péchenard prend plaisir à le lire à haute voix : un certain « Jean-Pierre, officier de réserve » le félicite d'avoir « mis au pas un haut fonctionnaire qui a trahi l'État ».

Péchenard a les yeux qui pétillent. Au début de l'entretien, il oscillait entre le tutoiement et le vouvoiement, il a viré définitivement au « tu ». « Je n'ai jamais demandé de fadettes. J'ai agi strictement dans le cadre de l'article 20. » Pour preuve, il sort d'un classeur la copie de cette lettre de deux feuillets que Squarcini a adressée à Jean-Claude Marin.

« Je ne sais pas ce qu'a fait la DCRI. Je ne sais pas ce qu'a demandé Bernard. » Le patron de la police échange un regard avec sa nouvelle chef de la communication, Bénédicte Guittard. Une ancienne collaboratrice de Michèle Alliot-Marie, qu'il a repêchée lorsque la ministre a quitté le gouvernement en raison de ses liens avec le régime tunisien sous Ben Ali. « Quand Bernard m'a informé que c'était Sénat la balance, je suis allé voir Mam. Bernard ne pouvait pas, au vu de leurs mauvaises relations. Je lui ai tout raconté et j'ai suggéré qu'elle fasse ce qu'il faut pour empêcher Sénat de nuire. Elle m'a reçu avec son directeur de cabinet François Molins[2]. Aussitôt il en a avisé Sénat, lequel a alerté Davet qui a foutu le bordel. »

L'après-midi même, Sénat a appris de la bouche

---

1. Entretien avec les auteurs le 12 septembre 2011.
2. François Molins après avoir exercé les mêmes fonctions au cabinet de Michel Mercier, garde des Sceaux est désormais procureur de la République de Paris

d'Alliot-Marie qu'il était exilé à Cayenne comme procureur général près d'une cour d'appel qui n'existait pas encore... Squarcini a-t-il alors estimé que la peine infligée à son ennemi n'était pas suffisante ? Qu'il fallait y ajouter l'humiliation publique en faisant sortir dans la presse son nom accolé au mot traître, et la flétrissure d'une condamnation pénale en dénonçant les faits à la justice ? Le 2 septembre, le Squale rédige une lettre pour le procureur de Paris, Jean-Claude Marin.

Paradoxalement, c'est ce courrier censé régler le sort de Sénat qui va provoquer le retour de flamme sur la DCRI. Marin se rebiffe. Voilà qu'il veut en savoir plus sur les « vérifications techniques » évoquées par Squarcini dans sa lettre. Or, ce dernier lui oppose *illico* le « secret défense ». Il n'en faut pas plus pour nourrir le soupçon du procureur sur des activités illégales de la direction du renseignement intérieur. D'autant qu'à la même époque, *Le Monde* et son journaliste Gérard Davet portent plainte contre X pour « violation du secret des sources ». Et lorsque le Parquet classe l'affaire, le quotidien récidive, au mois de janvier, se constituant cette fois partie civile, ce qui déclenche le 13 mai 2011 l'ouverture d'une information judiciaire par la juge Zimmerman – un pit-bull, si on en croit sa réputation.

À Levallois, les troupes en veulent aujourd'hui à leur chef. On lui reproche d'avoir fait braquer sur la maison un projecteur de DCA. Une faute pour ces soldats de l'ombre. C'est ce que nous avons perçu en écoutant Philippe[1]. Ce commissaire de la DCRI, blanchi sous le harnais de la DST qu'il a connue avant la chute du Mur, exprime ce qu'un certain nombre de contre-espions pensent tout bas.

« Squarcini a fait un gros loupé. Et toute la boîte en souffre. Un haut fonctionnaire qui trahit la confiance de l'État, c'est normal que l'exécutif veuille l'identifier. Mais le service de renseignement qui se voit confier le boulot doit le faire discrètement. Squarcini pouvait saisir un service judiciaire sans faire apparaître la maison. Pas très éthique mais plus malin. C'est d'ailleurs ce qui se fait dans ce genre de cas... »

Et d'insister : « Tu demandes à un de tes hommes d'explorer la téléphonie du journaliste et de repérer parmi les noms qui apparaissent celui qui pourrait être la source. C'est du *off* total. Puis, entre deux portes, t'en parles au patron de la PJ qui fait les réquisitions judiciaires, mais à l'envers en ciblant le bon téléphone à la bonne date. Le boulot est fait et la DCRI n'apparaît pas. Cette fois, Squarcini a envoyé une note au procureur, à mon avis pour se faire mousser aux yeux de l'Élysée et montrer qu'il avait rempli la mission. » À Levallois, il ne fait aucun doute dans les esprits que l'ordre venait d'en haut. Et que Péchenard aurait protégé l'Élysée en faisant croire qu'il avait décidé de lui-même d'identifier la gorge profonde.

Samedi 16 septembre 2011. Brice Hortefeux s'énerve au téléphone : « L'enfoiré ! » Celui qui était ministre de l'Intérieur au moment où la DCRI

---

1. Entretien avec les auteurs le 9 septembre 2011.

farfouillait dans les appels téléphoniques du journaliste du *Monde*, vient de lire dans *Libération* l'interview de Claude Guéant. Questionné sur la curiosité de la DCRI, l'ancien secrétaire général de l'Élysée, qui a remplacé Hortefeux place Beauvau, a répondu : « Je n'étais pas ministre de l'Intérieur à l'époque, je ne me suis pas occupé de cette affaire. »

Notre échange téléphonique avec Brice Hortefeux se poursuit : « Squarcini ne m'a jamais demandé quoi que ce soit, pas plus qu'il n'a demandé à Péchenard. Je le connais suffisamment pour savoir qu'il est allé chercher l'ordre auprès de son ami Guéant. Bernard est un formidable comédien. À chaque réunion à l'Intérieur il nous disait ce qu'il voulait, et l'on n'avait aucun moyen de vérifier si c'était vrai ou faux. Il colle avec tout le monde. Avec Sarkozy, c'est la Corse qui les unit. »

Dans l'affaire des fadettes, en l'occurrence, Frédéric Péchenard a très vite endossé le rôle de Pinocchio. D'abord avec ce gros mensonge quand il affirme dans un communiqué, qu'il s'est assuré de la légalité des vérifications téléphoniques menées sur David Sénat auprès de la « personne qualifiée » de la CNCIS, laquelle n'a jamais été saisie de quoi que ce soit puisque les demandes qui passent entre ses mains ne peuvent concerner que le terrorisme. Son nez s'allonge à nouveau, lorsqu'il prétend, cette fois en chœur avec Bernard Squarcini, que la DCRI n'a jamais espionné le journaliste du *Monde*[1]. Le

---

1. « Espionnage des journalistes : la Justice se rapproche de l'Élysée », *Médiapart*, 9 septembre 2011.

Squale est allé jusqu'à évoquer un « renseignement » anonyme qui l'aurait mis sur la piste de Sénat.

Si le duo ment, c'est peut-être parce qu'il se sent protégé par les hauts murs du secret défense qui entourent la Direction centrale du renseignement intérieur. Jusqu'en décembre 2011, pour pénétrer dans cette enceinte fortifiée, les juges devaient demander la permission sans être sûrs de l'obtenir. Une loi votée un an après la création de la DCRI avait en effet étendu le secret défense à tous les bâtiments abritant les services de renseignement. Il a fallu que le conseil constitutionnel s'en mêle et censure la loi en question pour que les magistrats ne soient plus persona non grata. Depuis, comme on nous le raconte à Levallois, les broyeuses tourneraient à plein régime.

Pour que la juge Zimmerman n'y comprenne rien si d'aventure elle décrochait l'autorisation d'aller voir sur place, les policiers de la sous-division R auraient été déplacés à la façon d'un jeu de bonneteau.

Mais ce que Squarcini n'avait pas prévu, c'est que le magistrat récupérerait chez l'opérateur les fax envoyés par la DCRI, qui, eux, n'étaient pas couverts par le secret défense… Avant la mise en examen du chef, un doute s'est emparé des troupes : allait-il assumer ou laisser supplicier le soldat Tijardovic dont le nom venait d'être livré en pâture à la presse ?

À quelques semaines de la convocation de Squarcini, nous retrouvons Philippe : « Si Tijar mange, ça va être le souk dans la boîte. Le chef est là pour assumer, sinon ça sert à quoi d'avoir un chef ? La DCRI fonctionne avec l'ADN de la DST. Tu reçois un ordre du taulier, tu t'exécutes. Quand le grand patron demande quelque chose, personne ne se pose la question si c'est légitime ou pas. En bas de l'échelle, les types ne savaient même pas qu'ils travaillaient sur un journaliste ! On leur a dit : vous êtes dans les clous, c'est bordé. »

En fait, Bernard Squarcini aura tout fait pour ne pas monter sur le bûcher. Dès que ça a commencé à sentir le roussi, il s'est empressé de diffuser le message : « Je sais beaucoup de choses, je peux balancer... » Un avertissement qu'il réitère devant nous en ces termes : « Moi j'ai connu ce qu'a fait la droite, la gauche puis à nouveau la droite. Je suis un témoin[1]. » Effectivement, le Squale ne sera pas débarqué. Pour le sauver, l'Élysée a même envisagé de sacrifier le directeur général de la Police nationale, qui, en cas de mise en examen, aurait été éjecté dans le privé avec un parachute doré. Squarcini a pu ainsi assumer sans crainte devant la juge le *modus operandi* : c'est lui et lui seul qui a décidé d'éplucher la fadette du journaliste. Comme nous le souffle un vieux routard du renseignement venu de la DST : « La voiture est cabossée mais le moteur fonctionne... »

Dans le monde suspicieux des espions, l'hypothèse d'un complot a très vite fleuri dans les esprits. D'abord, l'enquête a été confiée par la juge Zimmerman aux gendarmes de la section de recherche de Paris. Évidemment, les pandores cultivent la haine du flic. Fait aggravant, certains de leurs chefs seraient encartés à gauche, ils fréquenteraient le cercle Jean

---

1. Entretien avec les auteurs le 28 décembre 2011.

Jaurès, le *think tank* du PS qui planche sur les questions de sécurité. D'ailleurs, la magistrate elle-même roulerait pour les gauchistes. La preuve ? Sur les murs de son bureau, une affiche de la Licra, la Ligue internationale contre le racisme et l'antisémitisme... Le diable !

Enfin pas tout à fait, car il y a l'extrême droite aussi. Le directeur du renseignement intérieur en est convaincu : un triumvirat issu de la droite ultra-conservatrice s'est employé à déstabiliser la Sarkozie. Y figure évidemment, en bonne place, David Sénat, catholique traditionnel qui exhibe à chaque fois qu'il en a l'occasion des images pieuses. Autre conjuré : l'ancien commissaire de la DST, Jean-François Gayraud. Et, enfin, en chef des conjurés, un criminologue spécialiste des mafias, Xavier Raufer.

Et David Sénat, qu'en pense-t-il ? Nous le rencontrons dans le bistrot où il a l'habitude de donner rendez-vous, entre le cabinet de son avocat place de Valois et les jardins du Palais-Royal : « M'accuser d'être à la solde de comploteurs d'une droite ultra-conservatrice, c'est totalement ridicule[1] ! On me colle cette étiquette de traditionaliste parce que j'ai une photo de Jean-Paul II dans mon bureau. Si le général en chef du renseignement avait enquêté un peu plus, il aurait su que c'est un souvenir de l'époque où j'étais en charge du bureau des cultes au ministère de l'Intérieur. Je possède d'ailleurs d'autres colifichets : une médaille du Grand Orient, par exemple,

---

1. Entretien avec les auteurs le 21 octobre 2011.

offerte par le chef des maçons lui-même. Une hérésie peut-être ? »

Même s'il s'en défend, le Squale l'avait apparemment dans ses radars depuis longtemps. L'enquête pour le faire tomber ne se serait d'ailleurs pas limitée à de simples « repérages téléphoniques », selon la formule imagée de Claude Guéant qui, histoire de montrer que les services n'écoutent aux portes que dans le strict respect de la loi, a fait savoir son enthousiasme à l'idée d'un texte encadrant les fadettes. Une conversion qui ne manque pas de sel quand on se rappelle qu'en décembre 2010, les sénateurs socialistes avaient essuyé sur le sujet un refus du gouvernement !

Le lendemain, c'est le début des vacances de la Toussaint, David Sénat accompagne sa famille, en Haute-Garonne, sur ses terres. « Je suis loin de tout, ça me fait un bien fou. » L'ex-conseiller de MAM se présenterait plutôt comme la victime collatérale d'une « conspiration politique ». Mais, depuis que le rôle de la Direction centrale du renseignement intérieur est apparu au grand jour, plus personne ne parle de l'envoyer à Cayenne. Clin d'œil du hasard : à la Chancellerie la personne chargée de le recaser est la compagne du numéro 2 de la DCRI. Celui-là même qui, sur ordre de Squarcini, a lancé les recherches sur les fadettes. Du coup, pour ne pas être accusée de partialité, la directrice des services judiciaires est obligée de jouer la bonne fée qui va lui dénicher un poste douillet.

Bien malgré lui, Squarcini a aussi porté chance à Sénat. Il lui a tricoté un manteau de victime au moment où le magistrat était accroché dans une sale affaire. Le dossier Visionnex, dans lequel David Sénat a été mis en examen en octobre 2010, pour « complicité d'infraction à la législation sur les jeux ». La Justice lui reproche en effet d'avoir, lorsqu'il conseillait MAM à l'Intérieur, permis l'installation dans des cafés de bornes de paris en ligne illégales.

Plus que jamais, le sort de Squarcini est lié à la destinée électorale de Nicolas Sarkozy. Dans la dernière ligne droite de la Présidentielle, l'Élysée compte beaucoup sur lui.

La mission est d'autant plus délicate, qu'après l'affaire des fadettes, Bernard n'a plus le droit de se prendre les pieds dans le fil du téléphone.

4

L'intendant du château

« Quand vous avez un "TTU", vous savez tout de suite que ça vient de l'Élysée[1]. »

Le rendez-vous a été fixé une semaine plus tôt. Il a fallu appeler d'une cabine téléphonique avec un nom d'emprunt, et indiquer un horaire en intégrant une décote d'une heure. Par exemple 12 heures pour se retrouver à 11 heures dans une brasserie du quartier Saint-Lazare, à huit stations de métro du siège de la Direction centrale du renseignement intérieur.

En y entrant, Thierry croyait au « FBI à la française », à cette grande agence de renseignement promise par Nicolas Sarkozy. Il dit avoir découvert une boutique instrumentalisée par son chef au service du Château. « La politisation de Squarcini a déteint sur tout l'édifice. Tout est fait pour que vous ne sachiez pas sur quoi et pour qui vous travaillez vraiment.

---

1. Entretien avec les auteurs le 24 avril 2011.

Ce qui met la puce à l'oreille, c'est le degré de priorité apposé sur la demande papier. "U" pour Urgent, "TU" pour très urgent, jusqu'au "TTU" qui remontera à l'Élysée. Un TTU, vous laissez tomber tout ce que vous avez d'autre en chantier. Là où d'habitude vous avez une semaine, il faut répondre tout de suite. Parfois même, le commissaire attend à la porte de votre bureau... »

Chaque jour, les 3 000 agents de la DCRI produisent des centaines de « notes blanches ». « C'est comme les fameux "blancs" des RG, sauf qu'un code identifie le rédacteur. Ce n'est pas anonyme. » Toutes ces notes de renseignement remontent à flot continu vers l'état-major où s'activent une quarantaine de personnes. C'est ici, au huitième étage, que bat le cœur de la machine. Une immense pompe qui joue aussi le rôle de filtre. Lorsqu'une note blanche est jugée suffisamment intéressante pour l'Élysée, elle est « bleuie ». Il suffit par exemple qu'y apparaisse le nom d'un politique ami ou rival, d'un capitaine d'industrie ou d'un patron de presse.

Midi. Le niveau sonore dans la brasserie est à son maximum. Les clients des grands magasins viennent d'entrer comme une vague, bousculant les portes battantes. Encouragé par cet environnement bruyant, Thierry décoche : « Notre patron en intendant du Château, on le vit de plus en plus mal. Il ignore la plupart des missions en cours, sauf celles qui intéressent le politique, ou qui le concernent lui directement parce qu'elles touchent à la Corse, par exemple. Sa boutique, ce n'est pas la DCRI, c'est l'Élysée. »

Intendant du Château, Bernard Squarcini l'assume. Comme il l'a dit lui-même : « Si le président me demande un jour de refaire la tapisserie du fort de Brégançon, je le ferai[1]. » Dès que les intérêts de la Firme sont menacés, il arrive avec sa boîte à outils.

Fin juin 2010, Georges Malbrunot, évoque dans un article du *Figaro*, sous le titre « Le business secret d'Israël dans le golfe Persique », l'achat par les Émirats arabes unis de drones israéliens. Rien d'inédit, le journaliste a repris une information ancienne, qui a déjà fuité dans la presse israélienne deux ans plus tôt. À ce moment-là, Serge Dassault, propriétaire du journal, est en pleine négociation pour la vente d'une soixantaine d'avions de chasse type « Rafale » aux Émirats, pour 6 milliards d'euros. Fureur de l'industriel, et de l'Élysée aussi, où l'on suit le dossier de près. Aussitôt, les services ont mené une enquête sur l'impertinent Malbrunot. La demande de renseignement a été soigneusement fractionnée pour que les agents chargés de la collecte d'informations en ignorent la finalité. Il est aussi probable qu'aucun d'entre eux n'ait su que leur patron est un ami d'Étienne Mougeotte, le directeur de la rédaction du *Figaro*, et qu'il lui arrive de voyager dans le Falcon 7X de Serge Dassault, en compagnie d'un autre de ses amis, le Franco-Algérien Alexandre Djouhri[2]. Ce proche de Claude Guéant sert aussi d'intermédiaire à l'avionneur. « Squarcini est sollicité par les premier, deuxième, troisième cercles du Château,

---

1. *Nouvel Observateur*, 20 novembre 2008.
2. Voir « Monsieur Alexandre », p. 156.

pour des choses qui n'ont souvent rien à voir avec l'intérêt de l'État. Demander une enquête à la DCRI fait maintenant partie des signes extérieurs de pouvoir, constate Thierry avec un sourire amer. Le renseignement n'était pas moins instrumentalisé avant, sauf que les petites manip' entre amis se font désormais à échelle industrielle. À un niveau jamais atteint à l'époque Chirac ou Mitterrand. »

Directeur du renseignement intérieur, c'est aussi le poste idéal pour baisser les flammes sous les casseroles de la Sarkozie. Sur les fourneaux du chef Squarcini : l'affaire Bettencourt mais aussi Karachi, l'une des plus embarrassantes pour le Château. Le Squale l'a toujours surveillée comme le lait sur le feu, ralentissant l'ébullition sans toutefois pouvoir l'empêcher. Finalement la casserole n'aura débordé qu'en fin de quinquennat, en septembre 2011, en éclaboussant deux proches du président : Brice Hortefeux, son plus ancien ami, ex-ministre de l'Intérieur, et Nicolas Bazire, témoin de son troisième mariage.

Karachi, Pakistan, 8 mai 2002. Un attentat suicide contre des employés de la Direction des chantiers navals fait quatorze morts dont onze Français venus superviser sur place la fabrication de deux sous-marins Agosta vendus par Paris en 1994. Le juge Bruguière, chargé de l'enquête, tricote la thèse d'un attentat commandité par Al-Qaeda.

En 2007, les juges Marc Trevidic et Yves Jannier succèdent à Bruguière. Ils reprennent tout à zéro, avec une thèse différente : celle d'une vengeance de dirigeants pakistanais n'ayant pas touché les commissions promises sur la vente des submersibles. En 1995 en effet, sitôt élu président de la République, Jacques Chirac a ordonné de cesser le versement des commissions liées aux contrats d'armement signés sous le gouvernement Balladur. Le plus gros d'entre eux, « Sawari II », la vente de trois frégates à l'Arabie saoudite, s'élevait alors à 18,8 milliards de francs. L'objectif de Jacques Chirac est d'empêcher celui qui l'a trahi, en se lançant dans la course à l'Élysée, de se constituer un trésor de guerre. Il est en effet convaincu que les balladuriens ont mis en place un système de « rétro-commissions » − en clair, qu'ils rapatrient discrètement, via des sociétés écrans, une partie des commissions payées aux intermédiaires.

C'est là qu'entre en scène le juge Renaud Van Ruymbeke. Visage émacié taillé à la serpe et moustache de Gaulois, le magistrat continue, à soixante ans, de défendre farouchement son indépendance. Nicolas Sarkozy le déteste. Il ne lui pardonne pas d'avoir, un temps, cru aux faux listings Clearstream. Ironie du sort, alors que le juge était à terre depuis cette affaire, c'est Sarko qui l'a remis en selle en bloquant sa promotion. Blackboulé comme président de la cour d'appel, « RVR » est resté en poste au pôle financier où il a récupéré la partie « argent sale » de l'affaire Karachi. Le volet le plus sensible parce qu'il touche au financement de la campagne d'Edouard Balladur en 1995, au moment où Nicolas Sarkozy était ministre du Budget et porte-parole du candidat.

Van Ruymbeke, comme ses collègues du pôle antiterroriste, soupçonne les services de renseignement de s'être appliqués à ensabler l'enquête pour le compte du pouvoir politique. Le contre-espionnage aurait su très vite que la piste islamiste ne tenait pas, mais aurait continué à alimenter cette thèse auprès du juge Bruguière. À l'époque, les chiraquiens ne voulaient pas être désignés comme responsables indirects du carnage pour avoir coupé net le versement des commissions provoquant ainsi la vengeance d'un intermédiaire mécontent. D'autant que, sur « Sawari II », les juges se demandent si lesdites commissions, soit 1,4 milliard de francs n'ont pas été détournées vers le clan des chiraquiens, avec un petit dédommagement au passage pour calmer les balladuriens.

Une fois Nicolas Sarkozy élu en 2007, Bernard Squarcini, à la tête de la DST puis de la DCRI, aurait continué à pelleter du sable pour enliser l'enquête. Manifestement, avec une certaine efficacité. Ce n'est que fin 2011 que le juge Marc Trévidic peut enfin mettre la main sur des documents secret défense déclassifiés montrant que le contre-espionnage ne croyait pas à la thèse d'un attentat commis par Al-Qaeda. Des notes de renseignement que Squarcini ne pouvait ignorer puisque la DCRI, à sa création, a hérité des archives de la DST. Le comble est que le juge Trévidic est contraint aujourd'hui de s'appuyer sur les investigations de la DCRI, qui a repris le flambeau de la DST dans les dossiers liés au terrorisme. Un problème auquel se heurtent la plupart de ses confrères.

Tous ceux qui touchent à ce dossier, magistrats, avocats, journalistes ou proches de victimes, tous sont persuadés, ils vous le jurent en privé, d'avoir été surveillés. Une chose est certaine : le site d'informations Médiapart, qui était en pointe sur l'affaire Karachi, a fait l'objet en 2010 d'une enquête poussée du renseignement intérieur[1].

Le rendez-vous a été fixé à la buvette du Palais de justice de Paris. « Au moins je n'aurai pas mes flics[2]. » Ce magistrat de la galerie Saint-Éloi qui a accepté de nous rencontrer pour parler de la DCRI bénéficie d'une protection rapprochée : des policiers en permanence l'accompagnent dans ses moindres déplacements... sauf justement dans l'enceinte du Palais. D'emblée, il explique n'avoir « aucune défiance particulière » à l'égard de ses gardes du corps, mais qu'ils sont « censés rendre compte à leur hiérarchie, qui, elle, en réfère au pouvoir exécutif ».

Tout en avalant son petit noir matinal, le magistrat nous livre sa vision de la Direction centrale du renseignement intérieur : « La DST s'est imposée à la DCRI. Cette fusion a modifié le travail des policiers. Ceux de la section antiterroriste, qui auparavant, puisaient aussi dans les informations des RG, dépendent uniquement de la DCRI. Ils ne peuvent plus varier les sources. C'est plus contrôlé et plus contrôlable. Je rencontre le même problème lorsque je travaille avec les policiers de Squarcini, je n'ai pas le choix ; ni du service, que je ne connais pas pour cause de secret défense, ni, a fortiori, des effectifs. En grande majorité ce sont des gens soucieux de l'intérêt général, mais ils sont enfermés dans leur bunker de Levallois et soumis à un système archi-cloisonné. »

---

1. Voir « Motus et bouche cousue », p. 143.
2. Entretien avec les auteurs le 13 octobre 2011.

Puis, faisant mine de s'interroger : « À qui profite le crime ? Je connais un élément de réponse. En France, il n'existe qu'un seul pouvoir réel. Celui de l'exécutif. Et plus encore ces dernières années, celui du président de la République. »

Ce que « l'intendant du château » préfère, c'est encore jouer le commis voyageur. Squarcini aime les voyages. En témoigne son bureau encombré de statuettes, vaisselle d'ornement, médailles et autres colifichets ramenés de ses escapades à l'étranger. Dans les couloirs de Levallois, les troupes râlent. Le patron n'est jamais là. Il est toujours en déplacement. « Le seul moment où il apparaît, c'est en vidéo à la façon Ben Laden, pour diffuser un message de bonne année sur l'Intranet ! » s'amuse Thierry.

Quand on l'interroge sur ce goût du voyage, le Squale se redresse sur sa chaise : « Je ne fais pas que le touriste. Lorsque Guéant m'appelle pour partir dans l'heure ou presque en Algérie, négocier la libération de prisonniers politiques pour faciliter celle de nos otages, j'y vais. Et ça marche. Parce que j'ai le contact. C'est de la tchatche, du relationnel. C'est mon côté méditerranéen, marchand de tapis[1]. »

Peu importe que Squarcini parle l'anglais comme un espion espagnol, puisqu'il peut, par exemple, bavarder en italien, sa langue maternelle, avec le directeur de la CIA, au grand agacement de leurs deux lieutenants respectifs. Le patron des services italiens l'a d'ailleurs amené dans le village natal de la « Mama », au sud de Palerme, ce qui l'a « beaucoup

---

1. Entretien avec les auteurs le 31 mai 2011.

touché », tout comme lorsque le chef-espion de Mohamed VI lui a montré sa maison natale à Rabat. « Les gars des services marocains ont secoué toute la rue jusqu'à ce qu'ils trouvent où j'ai passé les premières années de ma vie », raconte-t-il d'un air satisfait[1]. » La même scène s'est reproduit à Constantine, en Algérie. Le reste du temps, le « responsable du service de renseignement intérieur de la cinquième puissance du monde », comme il se plaît à répéter, se déplace flanqué de son traducteur, le même qui officiait naguère auprès d'Yves Bertrand, l'ancien patron des Renseignements Généraux.

Inutile de dire que le chef espion globe-trotter chouchoute sa sous-division « E », celle des Affaires internationales. Un tentacule vers l'étranger qui n'existait pas à la DST, et que les « cousins » de la DGSE, les services secrets extérieurs, ont tout fait pour empêcher. Les préférés de Bernard, c'est « E2 », les GO de la DCRI. Trente-cinq policiers qui jouent les nounous vingt-quatre heures sur vingt-quatre des délégations étrangères. Le soir « Paris by night » et, en journée, cours et repas à « L'Appartement », comme on appelle l'ancien local de la DST, qui faisait face au siège de la rue Nélaton. Malgré tous les efforts de son directeur, la DCRI n'est pas à l'abri d'un incident diplomatique. Comme ce jour où le chef par intérim de la DCRI s'est absenté pour aller fêter au pays basque la capture d'un Etarra, en plantant là un ponte du renseignement américain venu spécialement en France pour une rencontre au sommet...

---

1. Entretien avec les auteurs le 28 décembre 2011.

Depuis qu'il s'est doté de cette sous-division international, le renseignement intérieur travaille de plus en plus... à l'extérieur. La DGSE qui traitait seule les prises d'otages de Français à l'étranger, en est maintenant parfois réduite à jouer le chaperon de la DCRI. Ainsi, c'est le Squale, accompagné d'un représentant de la DGSE, qui est parti négocier à Alger le troc du Français Pierre Camatte, enlevé au Mali, contre la remise en liberté de deux islamistes algériens soupçonnés d'attentats dans leur pays. Pour marquer à la culotte les espions de la DGSE, Squarcini a multiplié les officiers de liaison dans les ambassades françaises. La DCRI a des oreilles à Moscou, Alger, Singapour, Bagdad... jusqu'au Gabon, et bien sûr au Qatar. Rien ne doit venir troubler la lune de miel entre Nicolas Sarkozy et l'émir Bin Khalifa Al-Thani, premier chef d'État arabe à avoir été reçu à l'Élysée par Nicolas Sarkozy vingt jours après sa prise de fonction.

Bernard Squarcini, c'est l'homme de main de Claude Guéant pour les missions secrètes, notamment en dictature. Avant la sanglante répression en Syrie, il a ainsi été utilisé pour renouer les fils rompus avec Damas. Lorsque Kouchner était au Quai, Squarcini aura été l'un des pigeons voyageurs préférés de Claude Guéant. Le patron de la DCRI expliquait même en privé : « Quand le président syrien demande à voir le représentant de la France, il ne veut pas voir un diplomate, il ne veut pas voir Kouchner, il veut me voir, moi ». Au moment d'accepter le Quai d'Orsay en 2011, Alain Juppé a posé une condition : le départ de Guéant, secrétaire général de l'Élysée, qui s'était intronisé ministre des Affaires étrangères bis, avec dans son colombier d'anciens agents de la DGSE et le patron de la DCRI. Pas question pour lui de revivre les mêmes humiliations. Facétie du hasard, Guéant, devenu ministre de l'Intérieur, se retrouve dans la position de son ancien mentor, Charles Pasqua, qui, en 1993, lorsqu'il s'est installé place Beauvau dans le gouvernement de Balladur, avait dû ferrailler avec le chiraquien Alain Juppé, déjà ministre des Affaires étrangères. À l'époque, Guéant était directeur adjoint de cabinet de Pasqua, et il s'entraînait à la diplomatie secrète, en utilisant les réseaux de son ministre en Afrique et au Proche-Orient. Quant à Squarcini, il venait d'être nommé par Pasqua sous-directeur de la recherche aux RG, avant d'être propulsé un an plus tard numéro 2. Il frayait déjà avec Alexandre Djouhri, qui allait devenir l'ami de Guéant et l'intermédiaire de quelques gros contrats français à l'export[1].

Aujourd'hui, plus que jamais, pour continuer à s'occuper des affaires du monde, Guéant a besoin de Squarcini.

La DCRI a dans sa manche une carte dont ne dispose pas la DGSE. Chargée du renseignement intérieur, elle peut remonter dans ses filets des opposants politiques réfugiés en France. Or, « la seule chose qui intéresse les dictatures, c'est que vous filiez des informations sur l'opposition », explique Yves Bonnet qui, il y a vingt-cinq ans, a été le premier patron du contre-espionnage à instaurer des liens directs avec le régime syrien. Mais il ajoute : « Il faut être prudent.

---

1. Voir « Monsieur Alexandre », p. 156.

Il y a un équilibre des échanges à respecter. Je me souviens avoir refusé avec les services égyptiens »[1].

En 2009, un journaliste d'opposition tunisien exilé en France énerve au plus haut point le régime de Ben Ali. Il a notamment raconté dans son magazine *L'Audace*, distribué à un millier d'exemplaires à Paris, les virées shopping et les sorties amoureuses de la première dame de Tunisie. Le président tunisien exige l'interdiction du journal sous peine de rompre les ponts avec la France. C'est Bernard Squarcini, alors patron de la DST, qui sera envoyé par Guéant pour négocier avec le trublion l'arrêt de ses activités professionnelles en échange d'une naturalisation[2].

Deux ans plus tard, après la « révolution du jasmin » et la chute du régime, l'ancien chef de la sécurité tunisienne révèle dans un procès-verbal que, le matin du 13 janvier 2011, Squarcini a contacté le gendre de Ben Ali pour l'informer qu'un putsch était en train de se préparer. Le lendemain, le président quittait précipitamment la Tunisie. L'affirmation a été farouchement démentie par le directeur du renseignement intérieur. Cependant, raconte Pierre Péan[3], Bernard Squarcini était, le jour même de la chute du régime, à l'hôtel Bristol avec son ami Alexandre Djouhri, de passage à Paris, pour lui rendre compte de la situation tunisienne.

À Levallois, quand l'ordre est tombé de faire

---

1. Entretien avec les auteurs le 16 mai 2011.
2. Nicolas Beau donne des nouvelles de ce journaliste dans son « blog tunisien ».
3. *La République des mallettes*, Fayard, 2011.

ami-ami avec les services secrets du colonel Kadhafi, ça a toussé dans les rangs. C'était l'époque où, entre Paris et Tripoli, tout allait pour le mieux dans le meilleur des mondes. L'idylle entre Mouammar Kadhafi et Nicolas Sarkozy avait débuté grâce à un intermédiaire libanais mêlé à l'affaire Karachi, Ziad Takieddine, qui œuvrait en coulisses depuis 2005 aux côtés de Claude Guéant, alors directeur de cabinet de Nicolas Sarkozy place Beauvau. Takieddine, « Monsieur T », jouait de sa proximité avec Abdallah Senoussi, le chef des services spéciaux libyens, beau-frère de Kadhafi – mais aussi cerveau de l'attentat contre le DC10 d'UTA[1]. Entre septembre et décembre 2005, Guéant, Sarkozy et Hortefeux, alors ministre délégué aux collectivités territoriales, s'étaient rendus successivement en visite officielle à Tripoli.

À peine élu, Nicolas Sarkozy retourne rendre visite au « Guide ». En perspective, d'abord, la libération de cinq infirmières bulgares détenues dans les geôles libyennes. Quelques mois plus tard, Cécilia Sarkozy fera l'aller-retour pour les ramener ainsi qu'un médecin palestinien. En remerciement de sa mansuétude, le dictateur recevra l'autorisation élyséenne de venir planter sa tente dans les jardins de l'hôtel Marigny, la dépendance du Château où sont accueillis les hôtes prestigieux. « Il fallait considérer les services libyens comme des partenaires obligés dans la lutte contre le terrorisme. On leur donnait des informations sur les ramifications d'Aqmi, la branche d'Al-Qaeda qui opère au Maghreb, dans le monde mais aussi sur

---

1. 1989, 170 victimes.

la communauté libyenne en France, se souvient un commissaire de la DCRI, qui insiste par deux fois pour que ne transparaisse aucun indice susceptible de l'identifier. On n'a jamais obtenu en retour de renseignement vraiment exploitable. C'était un partenariat à sens unique, mais nous n'étions pas dupes, on savait que la Libye était un fromage pour nos industriels et certains intermédiaires[1]. »

L'autre enjeu, c'est en effet de décrocher de gros contrats. La France a ainsi vendu à Kadhafi un système permettant d'intercepter et d'analyser toutes les communications Internet entrant ou sortant du pays. Après avoir été rodé en Libye, ce mini « Échelon » du Net commercialisé sous le nom d'« Eagle » par une filiale de Bull, serait utilisé en France depuis 2009 par le ministère de l'Intérieur[2].

Onze jours après la libération des infirmières, Nicolas Sarkozy signe à Tripoli un mémorandum d'entente sur la coopération nucléaire entre la France et la Libye. Il s'agit, ni plus ni moins, de livrer à Kadhafi un réacteur de type EPR pour faire tourner une usine de dessalement d'eau de mer. C'est « Monsieur T » qui est encore dans l'ombre de ces négociations, mais il va bientôt se faire souffler la vedette par un autre intermédiaire, Alexandre Djouhri, qui revendique lui aussi un rôle dans la libération des otages. Introduit en Sarkozie par son ami Squarcini, « Monsieur Alexandre » va très vite prendre la place de Takieddine dans le cœur de Guéant. Après avoir

---

1. Entretien avec les auteurs le 24 juin 2011.
2. *Le Figaro*, 1er septembre 2011.

profité de sa proximité avec Bechir Salah, l'ancien directeur de cabinet de Kadhafi, le désormais indéboulonnable Djouhri est aux premières loges pour prendre sa part sur les contrats de l'après-guerre. Le pactole libyen est estimé à 200 milliards de dollars sur les dix ans à venir…

5

Un nid d'espions tout neuf

Juin 2008. Un colleur d'affiches sévit dans les ascenseurs du 84, rue de Villiers à Levallois-Perret. C'est ici, au cœur des Hauts-de-Seine, dans le fief électoral de son ami Patrick Balkany que Nicolas Sarkozy a décidé d'installer sa nouvelle Direction centrale du renseignement intérieur. L'imposant bâtiment de verre et de métal ne se distingue pas des autres alentours. Si ce n'est la guérite à l'entrée, puis un double sas avec portique où il faut montrer patte blanche. Auparavant l'immeuble était ouvert à tout vent : une agence de communication y avait élu domicile. Désormais, il s'agit plutôt d'une agence du silence. Les policiers qui travaillent à la DCRI sont tous habilités « secret défense ». Le moindre écart constaté, la sanction est immédiate et sans appel : une autre affectation. Pour s'offrir ce QG bunkérisé, l'État a signé un bail pour douze ans avec option d'achat. Soit 366,2 millions d'euros de loyer. Sans compter les travaux pour lesquels le locataire a déboursé 7,95 millions, auxquels s'ajoutent les 7 millions occasionnés par le déménagement[1].

Depuis un mois, les flics de la DST et des RG cohabitent dans leur nouveau nid, en se demandant qui va manger l'autre le jour de la fusion, prévue le 1er juillet. C'est bien sûr le fidèle Bernard Squarcini qui a été chargé de mettre sur pied la fameuse Direction centrale du renseignement intérieur. À peine élu président, Nicolas Sarkozy a décidé de se débarrasser à la fois des Renseignements généraux, accusant l'un de leurs anciens chefs, l'indéboulonnable Yves Bertrand, d'avoir comploté contre lui ; et de la DST, soupçonnée d'avoir trempé dans l'affaire Clearstream. Tous ceux qui ne pourront pas intégrer la forteresse de Levallois-Perret se retrouveront exilés hors du monde du renseignement, en Sécurité publique où on leur a construit un fortin : la SDIG, pour « Sous-Direction de l'information générale ».

Les affichettes clandestinement collées dans l'ascenseur avertissent qu'un meeting va se tenir dans la cafétéria, au deuxième sous-sol. Quelques heures plus tard, deux cent cinquante personnes s'y pressent pour écouter la harangue de Serge Guillem, qui vient d'être nommé patron de la SDIG. Micro à la main, Guillem, cheveux coupés ras et lunettes austères, joue les sergents recruteurs. La tâche est rude. Les hommes qui accepteront de le suivre devront faire le travail traditionnel des RG avec deux fois moins de moyens, tout en ayant fait allégeance à la Sécurité

---

1. Rapport de la Cour des comptes, 6 février 2008.

publique, la police en tenue, qui les considère comme des bouches à nourrir inutiles...

La tâche est également périlleuse car Squarcini redoute que Guillem, ce fils de brigadier qui a fait toute sa carrière aux Renseignements généraux, ne lance sa troupe de fortune sur le territoire de la DCRI, sur lequel il entend être le seul maître. Aussi, son homme de main, Joël Bouchité, le dernier patron des RG, s'emploie à miner le terrain. Comme un premier cadeau empoisonné, c'est lui qui a trouvé ce sigle improbable que personne ne sait prononcer : « Sdige » ou « Sdigue » ? Preuve que l'appellation ne s'est jamais imprimée dans les esprits, lorsqu'ils se présentent, les policiers de la SDIG n'oublient jamais de préciser « ex-RG ». Et il s'attache maintenant à répandre l'idée que Guillem est l'homme d'Yves Bertrand, déclaré infréquentable en Sarkozie, au motif qu'il a été, un temps, son chef du personnel.

Privé de bureau à Levallois et retranché dans un local de la place Beauvau si exigu qu'il doit tirer la table pour ouvrir la porte, Serge Guillem a moins d'un mois pour recruter les cent futurs chefs de service de la SDIG. Il ne dispose pas même d'une secrétaire, il a juste un adjoint, avec lequel il a coupé la France en deux, pour démarcher par téléphone tous les directeurs départementaux des RG. Pour dissuader les volontaires, on fait pression sur les commissaires des RG, sur le mode « Partir c'est trahir ». Après avoir rempli sa mission qui était de liquider les Renseignements généraux, Bouchité a même organisé un pot pour fêter leur dissolution, avec frappe d'une médaille commémorative vendue 21,95 euros...

Les quatre-vingts RG qui choisissent malgré tout la SDIG deviennent, le 27 juin 2008, quand est publié l'acte de naissance de la DCRI, des pestiférés. En attendant leur rapatriement au siège de la Direction de la Sécurité publique on les relègue dans un coin à Levallois. « Du jour au lendemain, ils ont monté des cloisons, et les collègues devenus DCRI, qu'on avait côtoyés pendant des années, ne nous ont plus adressé la parole. On se serait cru dans la bande dessinée d'Astérix *Le Grand Fossé*, avec le village coupé en deux, et, de chaque côté, les habitants qui se tirent la langue[1], se souvient, sous couvert d'anonymat, Philippe, un ex-RG qui a choisi le « mauvais camp ». Un ami dont j'avais été le témoin de mariage a refusé de m'héberger chez lui alors que je venais dans sa région pour une fête donnée par une connaissance commune. Il m'a fait prendre une chambre à l'hôtel en me disant : "Tu comprends, maintenant que je suis à la DCRI…" Une fois à Levallois on dirait qu'ils sont lobotomisés ! »

En province, c'est désormais la guerre des tranchées. « Quand il y avait quatre voitures, c'était une pour la SDIG, trois pour la DCRI. Ils ont aussi fait une razzia sur le personnel administratif. » Les SDIG en sont réduits à composer avec des bouts de ficelle. Ainsi, dans le Cantal, cinq fonctionnaires se partagent une voiture pour couvrir tout le département. Et, avec un tiers seulement des effectifs, les SDIG doivent abattre plus de 80 % des missions autrefois du ressort

---

1. Entretien avec les auteurs le 10 mars 2011.

des Renseignements généraux. Les renforts venus de la police en tenue ne font pas toujours l'affaire. « On a récupéré en Sécurité publique des recrues pas forcément motivées et qui ne connaissaient rien au renseignement, s'agace Philippe. Gérer une source, ça s'apprend. Tu es comme le jongleur qui fait tourner les assiettes. Si tu en mets une de trop, tu fais tout tomber. Pas assez, le tour est raté. Un contact, tu dois savoir le gérer pendant six mois ou un an avant qu'il t'apporte un renseignement exploitable. »

Ailleurs, des locaux ont dû être réaménagés à grands frais pour coller aux normes « Secret Défense ». Ce qui aurait donné lieu à quelques scènes cocasses, comme ce face-à-face que nous a raconté un commissaire. « Un jour, j'ai vu débouler le responsable local de la DCRI avec lequel je cohabitais dans l'hôtel de police. Il m'a demandé : "Est-ce que je peux avoir un bureau de plus ?" Je lui ai répondu : "On est déjà serrés comme des sardines, vous êtes si nombreux que ça ?" Et là, il m'a expliqué que c'était pour créer une "zone tampon". Une sorte de vide sanitaire entre les gens du renseignement intérieur et les autres policiers[1] ! » Dans l'Essonne, c'est le préfet qui a dû calmer le jeu parce que le patron de la DCRI avait décidé de classer « secret défense » les toilettes communes...

Tout cela parce que Bernard Squarcini a voulu planter des drapeaux DCRI sur toute la carte de France, partout où étaient présents les RG. Objectif : marquer son territoire et récupérer le plus gros butin sur la dépouille.

---

1. Entretien avec les auteurs le 3 mai 2011.

Mais il a eu les yeux plus gros que le ventre. Très vite, le directeur du personnel, un ancien de la DST, tire la sonnette d'alarme. Dans certains patelins, les hommes n'ont rien à faire, ils tournent en rond, ça devient dangereux, l'ennui pourrait leur faire prendre des initiatives malheureuses. Il propose de supprimer au plus vite une quarantaine d'implantations. Après moult réflexions, Squarcini en fermera vingt-neuf.

Non content d'avoir le plus grand terrain de chasse et d'arborer la bannière du Château, Squarcini a décroché le droit de se servir dans la gibecière des autres. C'est écrit noir sur blanc dans le « protocole de coopération » qu'il a fait signer, en juin 2010, au directeur de la Sécurité publique : « La DCSP communique à la DCRI les notes d'analyses et de synthèses susceptibles d'intéresser la DCRI dans le cadre de ses attributions. » Lesquelles sont fort larges puisque les super-flics de l'ombre de Levallois ont compétence pour lutter « contre toutes les activités susceptibles de constituer une atteinte aux intérêts fondamentaux de la Nation ». Pour faire passer le message cinq sur cinq, a été ajoutée cette précision : « La DCRI est l'unique service français de renseignement intérieur. »

Exit donc aussi les gendarmes. Squarcini y est allergique, comme Sarkozy qui, tout juste élu, les a virés du groupe de sécurité de la présidence de la République. À Levallois, ils n'ont même pas droit à un strapontin. « Au départ, il était prévu que la gendarmerie dispose d'au moins un officier de liaison. Le Squale a tout de suite dit : je n'ai pas envie d'avoir un gendarme chez moi et on a tout remballé[1] », s'énerve ce galonné qui nous reçoit dans son bureau de la rue Saint-Didier, le QG de la Gendarmerie, à deux pas du Trocadéro. « Pour bien montrer qu'on abandonnait la bataille, on a même été obligé de rebaptiser notre "bureau renseignement" en "bureau de veille opérationnelle" ! »

À la mort des RG, les gendarmes s'étaient pourtant frotté les mains : ils allaient pouvoir occuper la place laissée vide. Des colonels ont fait le tour des préfets pour leur vendre le renseignement gendarmerie rebaptisé... « RG ». Échec. La gendarmerie a dû mettre en sommeil la plupart de ses cellules de renseignement en départements. En lot de consolation, elle a pu glisser certains gendarmes en SDIG. Ce qui alimente la paranoïa dans la « maison poulaga ». « Ils les mettent chez nous en couveuse afin de les récupérer pour remonter un service de renseignement de gendarmerie, le jour où la DCRI aura du plomb dans l'aile[2] », nous souffle un commissaire, patron d'une SDIG dans le Grand Ouest. Le rendez-vous a lieu le temps d'un repas vite avalé dans un restaurant de chaîne, au croisement de deux échangeurs d'autoroutes. « En attendant, avec son soi-disant "FBI à la française", Squarcini a réussi son coup, il a tué la concurrence. »

Exclus du monde des espions, la SDIG comme les gendarmes n'ont donc pas le droit de pointer leur nez ni à l'Académie du renseignement voulue par

---

1. Entretien avec les auteurs le 14 juin 2011.
2. Entretien avec les auteurs le 14 avril 2011.

Sarkozy, ni chez le coordinateur des services secrets à l'Élysée. Dans la tête du Squale, le seul renseignement qui a droit de cité place Beauvau, c'est celui que pratique la DCRI. La collecte d'informations en milieu fermé, sous le sceau du « secret défense ». Sauf que, pour n'importe quel espion, cette frontière entre milieu ouvert et fermé n'a aucun sens. Quatre-vingts pour cent du renseignement commence en milieu ouvert. Par exemple avec un commerçant qui détecte un comportement suspect et se confie à l'îlotier.

Quand le grand patron de la SDIG, Serge Guillem, découvre le fameux « protocole de coopération », signé dans son dos, il s'en émeut auprès du directeur de la sécurité publique. Lequel minimise : « C'est mieux ainsi, les choses sont bien fixées, je ne veux pas de conflit avec Squarcini. Il faut montrer au président que l'on s'entend bien. » Une couleuvre de trop pour Serge Guillem qui s'exile à l'IGPN, la police des polices, le cimetière des éléphants. Aussitôt remplacé par un spécialiste de l'ordre public, Christian Hirsoil, que les mauvaises langues surnomment « Gasoil, parce qu'elles le jugent peu raffiné ». Un interlocuteur de rêve pour Squarcini.

« La fusion des RG et de la DST a abîmé le Renseignement. » C'est le constat de Claude Silberzahn.

L'ancien patron de la DGSE sous Mitterrand est arrivé à vélo à notre rendez-vous, ponctuel comme une horloge suisse. La chaleur moite de ce début d'automne lui rappelle la Guyane, un département où il a servi comme préfet.

« Partout où j'ai exercé, je savais grâce aux RG ce

qui allait se passer dans les jours à venir. Cela me permettait d'agir en amont, de faire retomber la pression pour éviter que le conflit social dans telle entreprise ne dégénère, ou que telle cité sensible ne s'embrase, raconte Silberzahn qui officie aujourd'hui à la Cour des Comptes. Nicolas Sarkozy a de la chance. Depuis son élection en 2007, nous n'avons pas vécu d'explosion sociale. Mais ce type de problèmes revient comme un tsunami, sans que l'on sache toujours comment ni quand. Cette fois, c'est sûr, on ne verra rien venir. Regardez ce qui s'est passé avec le printemps arabe. Nous avons 800 000 Tunisiens dans l'hexagone. C'était une source formidable pour anticiper, et pourtant le gouvernement français a été totalement pris au dépourvu[1] ! »

Les préfets sont les grands perdants de la réforme du renseignement. Ils sont devenus sourds et aveugles. Jusqu'au plus puissant d'entre eux, Michel Gaudin. Le préfet de Paris a vu, le 17 décembre 2009, l'impensable se produire. Des tonnes de paille et de fumier déversées à l'aube devant l'Élysée par de jeunes agriculteurs venus du fin fond de la Beauce ou de la Marne. Personne en amont pour détecter les meneurs et prévenir l'opération commando...

« J'en connais qui auraient sauté pour moins que celà, dans la moindre sous-préfecture[2] ! » s'agace ce ponte de la Préfecture de police de Paris qui nous a donné rendez-vous dans une brasserie du quartier Notre-Dame. Il brandit son iPhone et montre des

---

1. Entretien avec les auteurs le 4 mai 2011.
2. Entretien avec les auteurs le 11 mai 2011.

clichés où l'on devine, dans une pénombre zébrée par la lumière des gyrophares, la paille répandue devant l'Élysée. Formé à « l'école RG », il explique ce « joli loupé » par « l'abandon du renseignement de contacts », qui permettait aux préfets en province d'être « informés pour anticiper ». « À Paris et dans la petite couronne, on a réussi à maintenir un maillage avec du renseignement de contact. Abandonner l'information générale, le renseignement ouvert de terrain comme l'a fait la DCRI, c'était une erreur. » Et d'assener : « Squarcini a toujours bossé dans les bureaux. Il ne voit pas l'utilité d'aller au contact. »

Comme aux grandes heures de la révolution chinoise, tous les RG qui ont eu la chance d'être pris à la DCRI sont partis en stage de rééducation. Il est vrai que lorsque les anciens de la DST ont mis le nez dans les fichiers des RG, ils ont eu un haut-le-cœur : impossible de fusionner cette montagne de notes hétéroclites avec leur base de données dessinée au cordeau – et de gloser sur ce « travail de RG ». Dans l'ancien centre de formation de la DST, à Gif-sur-Yvette, à la frontière de l'Essonne, il a fallu apprendre aux ex-RG à travailler avec le Secret Défense, à gérer des sources, faire des écoutes ou des notes à la mode DST.

Désormais, « chacune des notes transite par au moins quatre échelons, où chacun apporte sa touche, de préférence à l'encre rouge pour justifier son utilité. La plupart du temps votre production finit sur le bureau du chef de votre sous-division, signée du nom du commissaire. Le rédacteur est oublié. Vous êtes un fantôme[1] », soupire Marie-Laure, une ex-RG de province qui a rejoint le bunker de Squarcini. Il faut dire qu'à la DCRI, la hiérarchie est pléthorique. Les lumières de Levallois ont attiré comme des lucioles dix pour cent des commissaires de France et de Navarre. Rien qu'à Levallois, ils sont quatre-vingt-quinze. Il a même fallu créer ou doubler des postes pour les caser.

Avant de partir en stage de « remise à niveau » à Gif-sur-Yvette, les anciens RG ont subi l'épuration. Une centaine d'entre eux sont restés sur le carreau faute d'avoir obtenu le coup de tampon « secret défense », sésame indispensable pour pousser la porte de Levallois. « L'habilitation SD est une sorte de bac de farine dans lequel il faut plonger pour pouvoir montrer patte blanche, décrypte encore Marie-Laure. Normalement, c'est pour s'assurer, après enquête et mise sur écoute, que les gens recrutés ne présentent aucun risque. Dans les faits, cela permet également d'écarter les indésirables. » Le spécialiste boursier des RG a ainsi été recalé car jugé trop proche d'Yves Bertrand…

L'habilitation « secret défense » permet aussi de disposer d'informations de première main sur une kyrielle de hauts fonctionnaires, notamment des préfets. En effet, tous ceux qui sollicitent l'estampille SD voient leur vie privée passée à la moulinette par les contre-espions. Hier, la DST, aujourd'hui la DCRI…

Est-ce le complexe d'infériorité du RG vis-à-vis de la DST, qui a poussé l'ancien numéro 2 des

---

1. Entretien avec les auteurs le 22 juillet 2011.

Renseignements généraux, Bernard Squarcini, à fabriquer une DCRI encore plus opaque, plus cloisonnée, plus rigide que ne l'était la DST, au point d'avoir enrayé la machine ? Certains le pensent.

Le 14 juillet 2008, lors de la traditionnelle garden-party de l'Élysée, le service de sécurité du Château demande à la DCRI de viser la liste des invités : R.A.S. La SDIG est saisie en parallèle de la même requête, un peu comme on demandait dans les magasins d'État au temps de l'Union soviétique, à un employé de recompter au boulier tous les reçus émis par la caissière. Elle sort un profil islamiste suspect. Pourquoi la DCRI n'a-t-elle rien vu ? Parce que la menace n'était pas assez grosse pour elle…

« Squarcini a refait la ST d'avant la chute du Mur, lorsque la centrale, obnubilée par l'ennemi soviétique, avait calqué sa façon de fonctionner sur le KGB[1] ! »

Ce commissaire de la DCRI sait de quoi il parle, il a vécu en direct depuis la rue Nélaton, le siège de la DST, la fin de l'URSS. Depuis, de l'eau a coulé sous les ponts mais rien n'a changé.

« La maison est recroquevillée sur elle-même. Vous avez l'interdiction de communiquer avec les autres administrations. Même si vous voulez téléphoner à un policier en PJ ou dans un commissariat, vous devez faire une note à votre chef de section qui fait valider la demande. La question puis la réponse transite par toute une chaîne hiérarchique. Vous ne serez jamais en contact direct avec celui qui détient

---

1. Entretien avec les auteurs le 11 juin 2011.

l'information. Et tout ça, bien sûr, va prendre plusieurs jours. »

Pour se connecter à Internet il faut une habilitation spéciale, distribuée au compte-gouttes par « R », la sous-division chargée des moyens technologiques. L'autre solution est d'accéder à un terminal Orion accessible par mot de passe des seuls chefs de groupe. Sauf qu'Orion n'accepte que les sites sans spam, autrement dit pas grand-chose sur l'Internet. Du coup, beaucoup préfèrent travailler chez eux depuis leur ordinateur personnel !

« On vous coupe de tout, y compris de vos sources. Si vous venez de la PJ ou de la Sécurité publique, vous devez les confier à quelqu'un d'habilité à gérer des sources, qui va les faire enregistrer par R5 » – comprenez la division logée au dernier étage de Levallois qui tient l'annuaire des sources de toute la DCRI. « C'est un peu comme prêter votre brosse à dents à quelqu'un que vous ne connaissez pas », s'agace notre commissaire en avalant d'un trait son café à la fin du déjeuner qu'il a accepté de partager avec nous. Et de poursuivre avec une anecdote : « La boîte a fait venir des policiers qui avaient roulé leur bosse dans des services spécialisés. Elle les a mis dans des bureaux, tenus au secret le plus strict, coupés de tout contact extérieur, et elle leur a dit : faites marcher votre instinct... Évidemment cela n'a rien donné. Les types ont fini par craquer, ils ont désobéi et commencé à passer des coups de fil, en sauvage, et là, ça a marché. »

Les rares privilégiés qui ont eu le droit de garder leurs contacts en arrivant à la DCRI, ce sont les anciens RG qui travaillaient sur les Basques et les Corses. Le Squale a même créé pour eux *ex nihilo* au sein de la division « Terro » une case dans l'organigramme : « T5 ». « Ils sont chouchoutés par Squarcini parce qu'ils viennent tous de la SORS, le service action des RG qu'il a longtemps dirigé. Ce sont des bons, mais surtout ils lui sont dévoués corps et âme. »

Le commissaire prend congé, il nous tend la main : « C'est off, on est bien d'accord ? »

On acquiesce. « À bientôt.

– Non je ne crois pas. J'ai déjà eu un moment de faiblesse en acceptant de vous voir… »

6

La belle blonde

Patrick, appelons-le ainsi, est un traître. C'est à peine si l'on ose prononcer son nom à la Direction centrale du renseignement intérieur.

Pour ce jeune et brillant officier, tout avait pourtant bien commencé. Ancien de la DST, Patrick émarge à la sous-division « H » de la DCRI, celle du contre-espionnage, considérée comme l'aristocratie du renseignement intérieur. C'est à cette élite que la feue DST doit son plus beau fait d'armes, celui que l'on raconte encore aux jeunes recrues : l'« affaire Farewell », nom de code d'un colonel du KGB qui, retourné par l'ancêtre de « H », la division A, a livré à la France, au début des années 1980, plus de 2 997 documents top secret.

Mais, à l'approche de Noël 2010, Patrick annonce à son sous-chef de division qu'il part travailler à la Direction générale de la sécurité extérieure, les espions de la boutique d'en face. La suite nous a été racontée.

Une semaine plus tard, le voilà convoqué par le médecin du travail de la DCRI. Lorsqu'il ressort, au bout de dix minutes, le diagnostic est sans appel : le jeune espion est psychologiquement instable, dépressif... Bref, il n'est plus fiable. Deux collègues sont dépêchés chez lui pour récupérer son arme. Dans les couloirs de Levallois, au siège de la DCRI, le bruit court : Patrick est devenu fou. Ses moindres faits et gestes sont interprétés, on le regarde de travers.

Le contre-espion tient bon. Pour prouver qu'il est sain d'esprit, il fait appel à un médecin extérieur à la maison, qui infirme le premier diagnostic.

En choisissant de partir à la « concurrence », le jeune espion a commis un affront qui méritait punition. Après trois mois de combat, et par crainte que l'affaire ne s'ébruite, Bernard Squarcini ordonne de lâcher prise : la DCRI laisse filer Patrick chez les « cousins » du boulevard Mortier.

Il aura fallu peu de temps pour que la Direction centrale du renseignement intérieur, le navire amiral du renseignement français lancé par Sarkozy, en juillet 2008, lasse son équipage. Comme si les affaires qui éclaboussent le chef et sa maison agissaient à la façon d'un puissant corrosif, des piques de rouille apparaissent sur la coque. « J'ai perdu toutes mes illusions. La DCRI telle qu'elle a été créée, avec à sa tête Squarcini, n'est pas une direction du renseignement intérieur mais une agence de renseignement au service de l'Élysée[1] », confie ainsi un membre de

_____
1. Entretien avec les auteurs le 21 octobre 2011.

« T », la sous-division chargée du contre-terrorisme. Alors que les juges tournent autour du navire, prêts à l'arraisonner, les anciens de la DST regardent d'un sale œil les fauteurs de troubles : ces maudits RG, les pièces rapportées, qui auraient embarqué à Levallois-Perret avec leurs mauvaises manières, imprégnant l'équipage tout entier d'un relent de police politique. Les « clowns », comme ils les appellent, leur rendent la pareille : si la Justice a surpris la DCRI en train de pêcher les fadettes d'un journaliste, dans l'affaire Bettencourt, c'est bel et bien à cause d'un « ST » qui s'y est pris comme un marin d'eau douce.

Manifestement les avis sont partagés. Pour le vice-amiral Squarcini, l'ambiance à bord tient plus de *La croisière s'amuse* que des *Révoltés du Bounty*. Tendez-lui la perche comme ce 31 mai, à la Villa corse. « J'ai réussi à mettre en commun la rigueur des ST et le bordel des RG, lance le Squale, avec un sourire. J'ai récupéré deux mémères, j'en ai fait une belle blonde. Que beaucoup, dans le monde, voudraient avoir dans leur plumard, Ce dont je suis le plus fier, c'est d'avoir hissé la communauté française du renseignement à un tel niveau. Jamais nous n'avions été autant reconnus[1]. »

Une belle blonde... avec un petit QI. « À Levallois, ça manque de matière grise[2] », déplore Jean-Pierre Pochon, qui a fait le grand chelem en dirigeant successivement la DST, les RG de la Préfecture de police

---

1. Entretien avec les auteurs le 31 mai 2011.
2. Entretien avec les auteurs le 30 mai 2011.

de Paris, puis la DGSE, avant de tirer sa révérence en 2004. « Ce sont les policiers qui mènent la boutique alors que ce devrait être les analystes. Dans leur tête, l'essentiel, c'est de récupérer le renseignement et après seulement on regarde ce que l'on peut en tirer. C'est exactement l'inverse de ce qu'il faudrait faire. »

Autrement dit : la DCRI serait un navire sans boussole, incapable de garder un cap, ne naviguant qu'à vue. Pochon tapote nerveusement sur le tas de copies posé devant lui. Celles de ses étudiants à Sciences-Po, auxquels il donne des cours sur le renseignement. « Si j'étais à Londres, les responsables du MI5 et du MI6 viendraient me demander quels sont, parmi mes élèves, les meilleurs éléments à recruter. Ici, personne n'en a eu l'idée. » Tout de même Bernard Squarcini est venu à Sciences-Po parler de sa boutique. Mais pas pour recruter. Contrairement à la DGSE, la DCRI ne peut pas aller piocher ses analystes directement dans les universités : à Levallois, le recrutement des agents doit obligatoirement passer par la case police.

La DCRI s'est pourtant dotée d'un *think tank* : le département Stratégie, baptisé « N », « pour Neurones » selon la plaisanterie en cours à Levallois. À la DCRI, tous les départements ou sous-divisions sont désignés d'une lettre, en tout dix consonnes et une voyelle, sans rapport avec la matière traitée la plupart du temps ; la protection économique par exemple a été baptisée « K », peut-être en référence au « Kapital » de Marx, s'amusent les troupes. Toute la journée, au département N, quinze commissaires produisent des notes hyper-pointues, sur telle ou telle menace, que Squarcini, regrettent-ils, a rarement le temps de lire. Grâce à eux cependant, le Squale peut se vanter partout de diriger « le seul service de police à avoir mis en place une évaluation de la performance ». Avec l'exemple qui plaît aux responsables politiques : « Je suis capable de dire combien coûte l'arrestation d'un mec de l'ETA[1]. » À ses yeux, l'argument fatal pour qu'aucun parlementaire ne vienne toucher à sa tirelire.

Il est vrai qu'avec un budget de plus de 40 millions d'euros par an, pour 4 000 fonctionnaires[2], la Direction centrale du renseignement intérieur est l'une des mieux dotées de la Place Beauvau. S'y ajoutaient les frais d'enquête avant que Frédéric Péchenard, le directeur général de la Police nationale, ne les assèche au nom de la restriction budgétaire. Et surtout les « fonds spéciaux ». Officiellement, ils ont disparu en juillet 2001. Sauf que les services de renseignement profitent toujours de cette cagnotte secrète distribuée par l'Élysée. À ce titre, la DCRI touche sa quote-part : une enveloppe qui avoisinerait 10 millions d'euros. De l'argent « démarqué » géré par la section « M3 » comme tous les gros sous de la DCRI. Chaque division possède sa propre caisse noire, remplie tous les mois en liquide, comme nous l'explique notamment Marie-Laure, l'ancienne RG de province montée à la DCRI. « Personne ne connaît le montant touché par la division d'à côté[3]. Tout ce que l'on sait, c'est que la somme diminue au fur et à

1. Entretien avec les auteurs le 31 mai 2011.
2. Projet de loi de finances 2010.
3. Entretien avec les auteurs le 22 avril 2011.

mesure qu'elle descend l'échelle hiérarchique, chacun prélevant sa part au passage », détaille la jeune femme, soudain prise d'une bouffée d'angoisse : « Tout ce que je vous dis est *off the record*, on est bien d'accord... »

C'est à la fameuse sous-division N que Squarcini a commandé un audit interne sur le fonctionnement de la DCRI après trois ans d'existence. Un bilan qui, comme il se doit, est globalement positif.

« L'audit de Bernard relève de l'autosatisfaction. Depuis sa création, la DCRI a sorti moins d'affaires que les RG sur leurs dernières années d'existence. On est très loin du FBI à la française que voulait Sarkozy[1] ! »

À La Gauloise, une brasserie cossue à deux pas de son domicile parisien, un verre de brouilly à la main, Joël Bouchité, qui fut le dernier directeur des RG, savoure l'effet produit sur son interlocuteur par cette descente en flèche de son ancien patron qu'il continue d'appeler « Bernard », voire « Nanard », lequel lui rend du « JoJo ». Après avoir tué les RG sur ordre de Squarcini, pour faire place à la DCRI, Joël Bouchité, aujourd'hui devenu préfet de l'Orne, a viré sa cuti.

« Du temps des RG, les gars avaient un tuyau. Ils le vérifiaient, plus ou moins c'est vrai. Mais l'info circulait de bas en haut et de haut en bas. La DCRI a repris ce qui se faisait à la ST : tout ce qui est écrit doit être 100 % sûr. Cela prend plus de temps. Et la

---

1. Entretien avec les auteurs le 6 mai 2011.

matière est moins dense. Aujourd'hui, la machine est grippée », assène Joël Bouchité. Ainsi à Poitiers, la DCRI s'est fait taper sur les doigts pour ne pas avoir vu le coup venir. Un week-end d'octobre 2009, le centre-ville est saccagé par 200 altermondialistes. Un revers d'autant plus fâcheux pour Levallois que la DCRI a piqué le dossier à la SDIG au motif d'une « possible déstabilisation institutionnelle ». De fait, la patronne de la sous-division G, en charge des subversions violentes, se prend un savon du Squale. Mais, ironie du sort, la DCRI avait été privée du meilleur spécialiste de l'extrême gauche, un capitaine des RG muté à la direction de l'ordre public de la Préfecture de police de Paris parce que soupçonné d'indiscrétion dans l'affaire Rebelle[1]. Si la sous-division G a pataugé, c'est peut-être aussi parce que les anciens RG qui bossaient depuis des années sur l'extrême gauche, l'extrême droite ou l'écologie radicale, ont dû, du jour au lendemain, troquer leur façon de faire pour des méthodes « ST », pas forcément adaptées.

Les troupes de la DCRI ont le moral dans les chaussettes, et les commissaires de la sous-division N sont désormais officieusement chargés d'aller faire du porte-à-porte dans les services pour s'assurer que tout va bien, histoire d'éviter un « syndrome France Telecom »... « On a l'impression de vivre

---

1. Ledit fonctionnaire avait été soupçonné d'avoir fait fuiter dans la presse une enquête des Renseignements généraux, commandée pendant la campagne présidentielle de 2007 sur un conseiller de la candidate Ségolène Royal, Bruno Rebelle, ex-directeur de Greenpeace.

dans une léproserie. Il y a une peur du monde extérieur. C'est tout juste si on ne doit pas mettre des clochettes pour faire fuir les passants », s'énerve Marie-Laure. Le midi, plutôt que de descendre à la cafétéria, les contre-espions s'échappent. Ils s'égaillent comme des moineaux vers les restaurants alentour. Une partie de la nuée s'abat au pied de l'immeuble, dans une supérette bio qui fait snack. Mais interdiction de pioupiouter pendant le repas : leur patron a tapé du poing sur la table après qu'un blog a éventé quelques secrets professionnels que se racontaient ces drôles d'oiseaux en cassant la graine...

Certains broient d'autant plus du noir que, dans leurs divisions, ça suinte l'ennui. Les ex-RG ont le sentiment d'être passés du rythme d'un quotidien à celui d'un hebdomadaire. Les recrues toutes neuves, qui arrivent avec des romans d'espionnage plein la tête, se retrouvent enfermées à pondre des notes. Pour briser la lassitude, d'aucuns en profitent pour passer des concours administratifs. D'autres ont trouvé des échappatoires plus originales, comme ce commissaire qui a eu le temps de préparer un CAP de pâtisserie, mais la mauvaise idée de l'indiquer sur son curriculum vitae. À la lecture de ce diplôme insolite, la Direction générale de la police lui a refusé le poste qu'il convoitait : devenir le patron du SSMI, le service de sécurité du ministère de l'Intérieur. À Beauvau, on ne goûte guère les douceurs...

Et puis il y a les sans affectation fixe. Les chargés de mission. Ils sont plus d'une dizaine, mais personne ne connaît leur nombre exact. Tous ont leur bureau au huitième, l'étage du patron. « On les a mis là pour qu'ils soient moins visibles, ironise Marie-Laure. Ils sont dans l'attente d'un poste au bon vouloir du préfet. Ce sont ses obligés... il peut leur demander ce qu'il veut. »

Au huitième, celui des chefs, il est rare d'apercevoir l'aileron du Squale. « Il ne vient guère plus d'une semaine par mois. Le reste du temps il laisse la maison à ses deux adjoints » : le numéro 3, Michel Guérin, surnommé « le Crocodile », un pur produit de la DST, qui rêve de croquer le numéro 2, Frédéric Veaux, venu d'une terre lointaine, la Police judiciaire. Le tout sous l'œil attentif de Max Torossian, le chef d'état-major, un ex-RG comme Bernard.

La création de la DCRI aura au moins profité aux sectes. Du temps des RG, six personnes à Paris œuvraient à temps plein sur le sujet. En province, elles étaient une cinquantaine. Désormais, la SDIG se contente de trois fonctionnaires à Paris pour surveiller les allumés du bulbe, et on ne compte plus personne à temps plein dans les départements. Avec en prime l'interdiction de fouiner du côté de la scientologie, parce que seuls les collègues de la DCRI, en l'occurrence ceux de la sous-division G, ont le droit de travailler sur les sectes dites « intrusives ». Pour surveiller les adeptes de Ron Hubbard, Levallois-Perret ne dispose que d'un demi-poste de fonctionnaire rattaché au « bureau appui opérationnel » de « G », comme si Squarcini avait pris les devants pour ne pas fâcher le Président. Sans doute a-t-il lu, dans le livre[1] de Nicolas Sarkozy, ce passage appelant à ne pas faire d'« amalgame » entre « les sectes dangereuses et les nouveaux mouvements spirituels ».

Exactement le distinguo qu'invitent à opérer les scientologues de tout poil. En 2002, quand Sarkozy fait sa première apparition au ministère de l'Intérieur, les Renseignements généraux comptent dans leurs rangs un spécialiste reconnu des mœurs de cette secte. Prié, du jour au lendemain, d'abandonner sa matière favorite, il a fini par démissionner. Une disgrâce qui n'a pu échapper au numéro 2 des RG d'alors, Bernard Squarcini. Deux ans plus tard, il y a peut-être resongé en voyant, à la télévision, Nicolas Sarkozy, ministre de l'Économie et des Finances, accueillir chaleureusement l'acteur Tom Cruise, l'un des porte-drapeaux de la scientologie. En septembre 2009, treize jours avant le procès intenté à la scientologie pour « escroquerie en bande organisée », un article du Code pénal qui aurait permis de dissoudre la secte a été supprimé ni vu ni connu, à la faveur d'un amendement. Pour s'assurer qu'il n'y avait pas anguille sous roche, le directeur adjoint du cabinet de la ministre de la Justice, Michèle Alliot-Marie, avait saisi illico la DCRI. Une saisine dont l'avocat des parties civiles n'a été informé que deux ans plus tard, à la faveur d'un article de presse, lors du procès en appel, sans jamais réussir à obtenir le résultat de l'enquête classée « secret défense »…

---

1. *La République, les Religions, l'Espérance*, éditions du Cerf, 2000.

Il n'y a pas que le travail de surveillance des sectes qui irrite la direction de la DCRI. La sous-division K, qui veille sur notre patrimoine économique, est frappée par la malédiction Clearstream. L'ex- « B » de la DST est soupçonnée d'avoir mis sa patte dans l'affaire des faux listings. Cette division, qui flirte avec les officines de sécurité privée qu'elle est censée surveiller, traîne la réputation d'être le lieu des coups fourrés. Du temps de la DST, c'était le politique du « donnant-donnant » qui prévalait comme on nous l'a expliqué. Le service fermait les yeux sur les activités illicites de ces sociétés de renseignement économique, à condition d'être informé des demandes des clients et de la récolte. Une tradition perdure : tous les premiers jeudis du mois se réunissent dans l'arrière-salle d'un restaurant du XVe arrondissement des anciens des services passés dans le privé et des agents encore en poste. L'occasion d'échanger des tuyaux sur les affaires en cours...

« Quand il est arrivé à la DST, Squarcini a mis les gens de B en quarantaine[1] », se souvient cet officier de la DCRI qui s'est installé au fond d'un café parisien, très « seventies ».

Posé sur la banquette en skaï à côté de lui, le journal *Les Échos* qu'il vient de parcourir. Il y est question de l'« affaire Renault ». « Un gros ratage », concède-t-il. La sous-division K s'est fait rappeler à l'ordre pour sa cécité dans ce mauvais scénario d'espionnage, où trois cadres ont été soupçonnés d'avoir livré des secrets industriels aux Chinois. D'autant plus fâcheux

---

1. Entretien avec les auteurs le 19 avril 2011.

que « K1 », chargée des contacts avec les entreprises françaises, avait dans son champ d'action le constructeur automobile. Mais « K1 » ne compte en tout et pour tout que deux enquêteurs.

« En intelligence économique, on est à la rue, déplore notre interlocuteur. C'est aussi pour cela que la plupart des grandes boîtes comme Renault, se débrouillent sans nous. Et pour les petites et moyennes entreprises, nous sommes aux abonnés absents. La DCRI ne s'occupe que de la Formule 1 : les entreprises du CAC 40. On fait travailler des services d'État au profit d'actionnaires privés qui n'ont aucun sens de l'intérêt du pays. C'est plus flamboyant que de lutter contre le pillage économique de nos PME et PMI, même si le véritable enjeu en terme d'emploi se trouve dans le vivier des petites structures. Chaque jour, des entreprises disparaissent parce qu'elles n'ont pas su protéger leur savoir-faire. »

Des ratés qui n'empêchent pas Bernard Squarcini de revêtir le costume du comptable. C'est ainsi qu'a été communiqué dans la presse un bilan ultra-précis des attaques contre le tissu économique français. En trois ans d'activité, la DCRI aurait détecté « 5 000 cas d'ingérence » contre « 3 189 entreprises » dans « 154 secteurs ». Des chiffres qui font sourire notre interlocuteur : « Ça veut dire quoi détection ? Que l'entreprise a été piratée, qu'elle s'est fait piller ses contrats, qu'elle n'a plus rien, qu'elle doit mettre la clef sous la porte, et la DCRI fait une note, désigne les Chinois ? La vérité est qu'on arrive comme les carabiniers après la bataille. »

Une autre division est en perte de vitesse depuis que Squarcini a pris les commandes : le contre-espionnage. À la DST, les gens de « A » étaient considérés – et se considéraient – comme les premiers de la classe. Aujourd'hui « H », telle qu'on l'a rebaptisée, c'est un peu la voie de garage. Les spécialistes du terrorisme – les « terro », comme on dit dans la boutique – ont tiré la couverture à eux depuis le « 11 septembre » et l'arrivée de Squarcini. Ce dernier n'oublie pas qu'il a brillé aux yeux des politiques lorsqu'il était aux RG, en chassant les poseurs de bombes corses et basques.

« À "H4", ils ne sont plus que 30 sur les Russes et les pays de l'ancien bloc de l'Est. »

Le contact avec cet officier de la DCRI venu de la ST s'est fait par un coup de fil, passé d'une cabine, en se recommandant d'un ami.

« Je n'appelle pas d'un portable mais d'un poste fixe qui n'est pas le mien, prévient-on d'emblée.

– J'apprécie… » Il hésite. « Vous me posez un problème, rappelez-moi dans une semaine. »

Dix jours plus tard, nous le retrouvons dans le hall d'un grand hôtel parisien. Il explique avoir « mal vécu » l'affaire « Anna Chapman ». En juillet 2010, le FBI débusque un réseau d'agents russes installés aux États-Unis, onze espions œuvrant dans les milieux d'affaires, sous de fausses identités. Parmi eux la plantureuse Anna Chapman, une rousse de vingt-huit ans qui, après avoir été échangée, comme ses camarades, par les Américains, est devenue l'égérie du parti de Vladimir Poutine. Un joli succès des services américains dont la presse s'est délectée. Ce qui est resté jusqu'ici inédit, c'est que l'un des espions russes vivait en France depuis 1995, sous une fausse identité piquée à un mort canadien. La taupe, qui vendait du matériel électronique à de grandes boîtes françaises, se rendait fréquemment aux États-Unis pour son travail. C'est comme cela qu'elle s'est fait pincer par les services de l'oncle Sam. Mais la DCRI, elle, ne l'a jamais repérée.

Peut-être parce que les contre-espions de l'avenue de Villiers ont été redéployés sur le nouveau front chinois ? Même pas. Pour l'ensemble du continent asiatique, Pakistan et Inde compris, la Direction centrale du renseignement intérieur n'alignerait qu'une quarantaine d'agents.

« On n'est qu'entre flics, résultat : on manque de traducteurs. Pour retranscrire du chinois, il faut parfois patienter un mois, poursuit l'officier de la DCRI. On a même dû recruter en urgence un interprète via le site internet d'offres d'emploi Monster. »

Et, pour contrer l'espionnage économique et technologique de nos amis américains sur le sol français, combien d'agents de la DCRI ? Deux en tout et pour tout, à « H3 ». Faut-il y voir l'américanophilie de Sarkozy et le zèle mis par Squarcini pour ne pas le contrarier ?

« La CIA n'a jamais cessé de travailler chez nous, mais on fait comme si la menace n'existait pas, on a fermé boutique », déplore notre officier.

En 1995, à la veille de l'élection présidentielle, excédé par l'activité de la CIA en France, le ministre de l'Intérieur de l'époque, Charles Pasqua, avait ordonné l'expulsion spectaculaire de cinq espions américains déguisés en diplomates. Depuis, rien.

C'est sans doute la sous-division « H » qui profite le plus du travail des « invisibles ». Une survivance de la DST et l'un des secrets les mieux gardés de la DCRI. Une poignée de policiers que l'on ne voit jamais dans les couloirs de Levallois. Des hommes et des femmes auxquels on a fabriqué une « légende », une double vie. Pourtant, officiellement, la DGSE est la seule à compter dans ses rangs des agents sous couverture insérés dans la vie civile, parmi lesquels des journalistes employés dans des grands médias. À la DCRI, c'est le service du personnel, « M », qui gère secrètement la carrière parallèle des « invisibles ». L'essentiel de leur récolte est destinée au contre-espionnage mais ils nourrissent aussi toutes les autres divisions de Levallois. Une fois la cible désignée, ils ont pour charge de l'approcher directement ou de manipuler une personne qui va servir d'intermédiaire inconscient. Ce peut être le petit ami, le collègue, l'associé, n'importe qui dans l'environnement de la personne visée qui, elle, ne saura jamais qu'à l'autre bout, la DCRI tire les ficelles.

7

La brigade du chef

Mardi 4 octobre 2011, 11 h 30 du matin. C'est l'heure du bouclage hebdomadaire au *Canard enchaîné*. Un portable sonne. À l'autre bout du fil, Bernard Squarcini, pressé et inquiet.

« Vous sortez demain quelque chose sur l'amie de Guéant ?

– Ça ne va pas, non ? ! Ce n'est pas le genre de la maison. Notre boulot s'arrête au seuil de la chambre à coucher...

– Te moque pas de moi, il y a quelqu'un chez vous qui enquête. »

Et de livrer le nom d'un journaliste.

Renseignement pris auprès du confrère censé avoir conduit ces investigations matrimoniales, il n'en est rien. Il a simplement évoqué le sujet entre deux portes avec un conseiller du ministre place Beauvau. Un peu comme une conversation de comptoir. Sans plus.

Il aura pourtant suffi qu'un journaliste aborde sur

un ton badin un sujet considéré comme « sensible » pour que, dans les heures qui suivent, Bernard Squarcini s'en préoccupe. Pourquoi le patron de la Direction centrale du renseignement intérieur, dont la mission consiste à « défendre les intérêts fondamentaux de la Nation », s'inquiète-t-il d'hypothétiques échos de presse sur la vie privée du ministre de l'Intérieur ? L'ordre lui aurait-il été donné par l'entourage de Claude Guéant, voire par le ministre lui-même ?

On l'ignore. En revanche, Squarcini s'est immédiatement exécuté. Ceux qui l'ont nommé ont fait le bon choix. Ils ont mis à la tête du plus puissant service de renseignement intérieur que la France n'ait jamais connu, un homme qui ne leur dit jamais « non ». « Il est gentil, Bernard, nous confie un de ses lieutenants. Vous lui demandez quoi que ce soit, c'est très rare qu'il refuse. Il aime rendre service. C'est dans sa nature. » Et d'ajouter, un brin vachard : « Surtout, lorsque la demande vient d'en haut. C'est comme cela qu'on fait des conneries. C'est comme cela que la DCRI en vient à utiliser des moyens illégaux. De temps à autre, nous sommes quelques-uns à marquer notre désaccord. Nous le faisons savoir à Bernard[1]. »

Mais un patron du renseignement peut-il réellement s'opposer à un ordre supérieur ? La question fait sourire Rémy Pautrat, le président de la Compagnie européenne d'intelligence économique. Il est venu lui-même nous ouvrir la porte de son

---

1. Entretien avec les auteurs le 21 octobre 2011.

bureau, boulevard Saint-Germain à Paris. Sa secrétaire est déjà partie. Dans un coin un drapeau français accroche l'œil. Le même peut-être que celui qui
trônait dans son bureau lorsque, sous François Mitterrand, il dirigeait la Direction de surveillance du
territoire, la fameuse DST.

« Un jour, je suis appelé par le directeur de cabinet
du président de la République, Gilles Ménage. Il me
fait une étonnante révélation : "Il faut que tu saches :
tu as, chez toi, une brigade du chef qui collecte des
informations sur la vie privée. Alors, tous les jeudis,
tu viens me voir avec la production." Je tombe de ma
chaise. De retour à la boîte, je demande : "Elle existe,
cette brigade du chef ? Mon adjoint, l'air accablé,
souffle : "Oui, vous savez, monsieur le directeur, on
n'est pas fier de ça[1]..." »

Rémy Pautrat veut en savoir plus.

« Combien sont-ils dans cette brigade ?

– Je ne sais pas bien... », répond l'adjoint.

Le patron de la DST demande alors à voir ce qui a
été collecté la semaine précédente.

« Je constate alors que les informations récupérées
ne sont pas du niveau de la DST. Qu'une telle production est humiliante pour elle. Cela existait avant moi,
et je crois savoir que ça s'est fait après. Je ne juge pas,
mais, en mon âme et conscience, je ne pouvais pas faire
ça. J'ai une trop haute idée du renseignement. Ce doit
être mon côté psychorigide... » Rémy Pautrat sourit.
« Pour moi, fils de forgeron, qui ai fait l'ENA par la
voie interne, et dont le père était illettré, diriger la DST

---

1. Entretien avec les auteurs le 10 mai 2011.

était un immense honneur. Vous êtes là au cœur du secret. Pas grand-chose ne vous échappe. Vous entrez dans le sous-marin et vous vous immergez. »

Il marque une pause, le temps de se recaler dans son fauteuil.

« Après cet épisode, j'ai dit à mon adjoint : "À partir de maintenant, la brigade du chef est dissoute." Puis je suis retourné voir Ménage : "Tu ne me verras pas jeudi prochain." Il a hurlé, crié à la "trahison". Je n'ai pas cédé. Si je l'avais fait, la brigade du chef aurait continué à travailler, sans que je sache comment. Parce que, à la DST, ça ne se fait pas. Le directeur pilote le sous-marin mais n'entre pas dans la salle des machines. »

Selon nos interlocuteurs, Bernard Squarcini, lui, soulève le capot et met les mains dans le cambouis. Le patron de la DCRI n'hésite pas parfois à décrocher son téléphone pour aller lui-même à la pêche aux informations. Quitte à dévoyer le puissant appareil de renseignement dont il a dessiné les plans et assemblé les pièces. Il ne s'agit plus d'une structure bricolée, à l'instar de la « cellule de l'Élysée » sous Mitterrand, avec ses vingt lignes d'écoutes piquées à la DGSE, destinées à renseigner le chef d'État sur les extravagances de l'écrivain Jean-Edern Hallier ou sur les états amoureux de l'actrice Carole Bouquet. Ce n'est pas non plus le « cabinet noir » d'Yves Bertrand, l'ex-directeur central des renseignements généraux, qui noircissait ses fameux « carnets » de ragots, rumeurs et persiflages en tout genre.

Sous Squarcini, il n'y a pas de « brigade du chef ».

Pas de groupe d'enquêtes réservées avec des hommes de main qui ne rendent compte qu'au patron dont ils exécutent, sans broncher, les commandes « un peu particulières ». Les juges peuvent toujours chercher à Levallois un « cabinet noir ». Ils ne le trouveront pas. Ce qui lui permet d'affirmer tranquillement dans la presse : « On aurait beau me donner des ordres tordus, je ne pourrais même pas les exécuter, car je n'ai pas de barbouzes sous la main, mais des gens normaux[1]. »

Le système mis en place par le Squale paraît bien plus redoutable qu'autrefois. C'est la structure entière qui semble viciée.

Pas très grand, silhouette ronde, costume clair, Stéphane arrive tout droit du siège de la DCRI. De Levallois-Perret à la gare Saint-Lazare, c'est direct en métro. Le rendez-vous a été fixé au rayon « polar » de la Fnac. Nous filons prendre un café.

« Le canal du renseignement off n'a pas changé depuis le départ de Guéant pour l'Intérieur. C'est lui qui actionnait la DCRI lorsqu'il était secrétaire général de l'Élysée, il remplit toujours cette mission à partir de la place Beauvau[2] », affirme l'officier.

Quand une demande tombe du Château, elle est aussitôt émiettée dans la machine DCRI. Le système fonctionne comme un puzzle. Chaque pièce est commandée à des gens disséminés dans différentes sections, en fonction de leur spécialité, et qui travaillent

---

1. *Marianne*, 13-19 novembre 2010.
2. Entretien avec les auteurs le 22 août 2011.

de façon cloisonnée. Un taylorisme appliqué au Renseignement qui fait que chaque ouvrier usine sa pièce sans savoir à quoi va ressembler, en bout de chaîne, le produit manufacturé. L'état-major de la DCRI où s'activent une quarantaine d'individus, se charge d'éclater la demande, de la dispatcher dans les différentes sections, puis de collecter tous les morceaux disparates qui lui remontent. Le plus souvent, l'assemblage final est réalisé par la Civo, la cellule de veille opérationnelle, composée d'une quinzaine de personnes. Cette organisation du travail permet à l'état-major de tout contrôler depuis le huitième étage, et d'utiliser toute la puissance de la machine sans que les machinistes s'en rendent compte, pas même les deux directeurs adjoints de la DCRI qui sont en partie contournés. Ainsi le secret est bien gardé. Parmi les meilleurs sites d'orpaillage du renseignement, figurent les aéroports. Un bon moyen de savoir qui voyage, avec qui, quand, comment et pour aller où. Dès qu'une personnalité politique, par exemple, fait un détour par le salon VIP d'Air France ou d'Aéroports de Paris, elle est susceptible de rentrer dans les radars de la DCRI qui entretient rien qu'à Roissy une dizaine d'agents. Afin, sans doute, de passer incognito, ces derniers ont accroché sur la porte de leur bureau à l'aéroport : « Laboratoire d'analyses »…

Hormis Squarcini, celui qui, à Levallois, est le mieux renseigné, c'est Max Torossian, le chef d'état-major. Cet ancien des Renseignements généraux a toute la confiance du Squale. À son arrivée, « Toto », son surnom en interne, a expédié aux archives l'adjointe de son prédécesseur puis a passé au tamis les membres de la Civo pour ne garder que les plus dévoués. C'est désormais ce petit groupe, officiellement chargé de la transmission de documents vers les autres administrations d'État, vers l'Élysée, qui met la main à la pâte sur les « enquêtes réservées » du chef.

Ont aussi été verrouillés deux postes stratégiques : les sous-divisions L et R[1] où cohabitent pêle-mêle les filocheurs, les poseurs de micros et de balises, dotés de tous les moyens pour écouter en « off » les téléphones portables et se brancher sur les ordinateurs. Ces as de la filoche ont exercé leur talent dans le service action des Renseignements Généraux. La DST excellait en technique mais peinait dans les filatures. Pour les RG, c'était l'inverse. En fondant les deux au sein de la DCRI, Squarcini a perfectionné l'outil.

« R » possède en plus une boîte à poisons, en l'occurence les archives. C'est dans cette mémoire sans faille que l'on peut trouver la fiole capable de neutraliser la cible. Un trésor de guerre dont la DCRI a dissimulé la partie la plus ancienne, sous forme de papiers et de microfilms, dans un endroit tenu secret.

Du temps où il était patron de la DST, Rémy Pautrat se souvient parfaitement d'avoir été incité à ouvrir cette boîte à poisons. Il venait tout juste d'être nommé à son poste lorsqu'il a été convoqué par son ministre de tutelle, Pierre Joxe, place Beauvau.

« À peine installé, Joxe me dit sur un ton aimable, comme à son habitude : "Je veux le dossier du *Canard.*

---

1. Voir « La sous-division R », p. 116.

– Ce n'est pas possible.

– Comment ça, Pautrat ? Comment ça, ce n'est pas possible ?

– Non, monsieur le ministre. Je viens d'arriver, je ne connais pas la DST et vous commencez par me demander cela… Je vais rentrer tout à l'heure à Néla-ton. Je vais transmettre l'ordre à mes gars, vous ima-ginez ma crédibilité auprès d'eux ?"

« Joxe s'énerve, poursuit Pautrat : "Vous ne me facilitez pas la tâche.

– Vous pensez trouver quoi dans ce dossier, mon-sieur le ministre ? Si la DST travaille comme je l'ima-gine, vous y verrez des vieilleries et des coupures de journaux. Écoutez mon conseil, monsieur le ministre, ne me demandez pas ce dossier du *Canard*. »

Et Rémy Pautrat tourne les talons, laissant Joxe hors de lui. De retour rue Nélaton, il demande alors au numéro 2 de la maison, d'un ton dégagé : « On a le dossier du Canard ? »

Sourire de l'intéressé.

« C'est le ministre qui vous l'a demandé ?

– Non, pas du tout.

– Si vous le voulez, je vous l'apporte. »

Rémy Pautrat fait comme s'il n'avait pas entendu et change de sujet.

Le lendemain Pierre Joxe le convoque à nouveau et lui lance :

« J'ai changé d'avis pour *Le Canard*. En revanche, je veux voir mon dossier. »

Consternation du nouveau patron de la DST qui ose :

« Vous ne pouvez pas demander votre dossier… »

Cette fois, le ministre de l'Intérieur explose :

« La première chose que Deferre a demandée en arrivant à Beauvau, c'est son dossier !

– Oui, et au service, tout le monde en rigole encore, monsieur le ministre. » Et Rémy Pautrat d'ajouter pour convaincre Joxe : « Je ne l'ai pas lu, votre dossier, mais ce n'est pas difficile de deviner ce qu'il contient. Vous y trouverez les soupçons concernant les liens de votre père avec l'Est, c'est de notoriété publique. Et s'ils ont bien fait leur travail, peut-être trouverez-vous trace de la rumeur selon laquelle vous êtes vous-même un agent d'influence, que lors de votre séjour à Moscou vous avez été probablement approché... »

Joxe est rouge de colère.

De retour à la DST, Rémy Pautrat annonce à son adjoint : « Le ministre veut voir son dossier. »

Sourire entendu : « Vous le voulez ?

– Non.

– Je parle du "bon" dossier, vous le voulez ?

– Non.

– Parce que, si vous le voulez, on ne l'a pas ici, il faut qu'on le fasse revenir. »

Un peu plus tard, comme si elle voulait signifier la confiance qu'elle lui porte, la maison remet à Rémy Pautrat les « bons » dossiers.

« Celui du *Canard* contenait notamment toute l'histoire des plombiers, avec les noms en plus et le fait que ce n'était pas Marcellin qui avait donné l'ordre. »

Et de reprendre après un silence :

« Celui de Joxe, en revanche, heureusement qu'il ne l'a pas eu entre les mains ! Il y avait quelque chose de bien plus gênant que ses liens supposés avec l'Est : les écoutes téléphoniques de conversations intimes. Y compris avec celle qui deviendrait sa femme. Croyez-moi, c'était surprenant ! »

Une histoire révélatrice des rapports ambigus entre les politiques et les services secrets.

Pour construire la DCRI, Squarcini s'est inspiré de la machine de guerre qu'était la DST. Les contre espions qu'on retrouve à Levallois, ont été programmés pour combattre la menace soviétique. Un ennemi redoutable et clairement désigné contre lequel tous les coups étaient permis. « Dans la culture de la ST, si l'on te demande de faire quelque chose, tu t'exécutes sans poser de question car c'est forcément justifié. Cela signifie que les intérêts fondamentaux de l'État sont en jeu. Tu obéis et tu sais que si jamais tu te fais prendre, tu es couvert. C'est le pacte qui cimente la boîte », décrypte Stéphane.

Le problème est qu'aujourd'hui l'ennemi n'est plus aussi bien identifié qu'il l'était du temps de la DST. Il ne s'agit plus seulement de lutter contre l'espion étranger, le terroriste ou le pilleur de secrets économiques, mais contre tous les « phénomènes de société susceptibles par leur caractère radical, leur inspiration ou leur mode d'action, de porter atteinte à la sécurité nationale[1] ». Autant dire que la DCRI peut servir d'attrape-tout. Ajoutez-y quelques électrons libres qui sont prêts à faire du zèle et voilà réunies toutes les conditions d'un dérapage incontrôlé.

---

[1]. Art. 1 c) du Décret n° 2008-609 du 27 juin 2008.

Normalement, toute structure génère ses propres anticorps contre les dérives. Mais, avec moins de quatre ans d'existence, la DCRI est encore trop jeune pour avoir un système immunitaire efficient. Or les demandes toxiques sont nombreuses. Bernard Squarcini devrait les filtrer pour protéger sa boutique, mais il n'est manifestement pas en position de le faire parce que trop proche de l'Élysée. Jamais, en France, un président de la République n'a entretenu une si grande proximité avec le chef du renseignement intérieur. Et vice versa. Au même titre qu'un Brice Hortefeux ou un Pierre Charon, le Squale est membre à part entière de la Firme. Contrairement à Pautrat, difficile pour lui de dire non.

« J'ai eu la chance de vivre dans un système qui n'était pas encore devenu amoral[1], analyse Claude Silberzahn, qui a dirigé la DST pendant le second septennat de François Mitterrand. Lorsqu'on avait un cas difficile, le Président ne se prononçait pas et l'on pouvait donc interpréter. Mitterrand ne donnait pas d'ordre direct, on gérait avec ses collaborateurs. De même, je m'interdisais d'interroger le responsable politique sur le *modus operandi*. Le chef de l'État doit pouvoir dire : "Je n'ai jamais su." De telle manière, vous préservez la fonction présidentielle. C'est indispensable en cas de ratage. Sinon, vous faites n'importe quoi en vous reposant sur un Président qui ne connaît rien à ces affaires, ni à nos méthodes. Et le risque de dérapage est alors colossal... »

---

1. Entretien avec les auteurs le 4 mai 2011.

8

La sous-division R

« Avec les moyens qu'ils ont, ils peuvent faire ce qu'ils veulent. Ils sont capables de rentrer n'importe où pour aller siphonner un ordinateur ou poser des micros. Et s'il y a un souci avec la porte, le propriétaire croira que des cambrioleurs ont forcé son appartement, mais que, heureusement, ils n'ont pas réussi à entrer puisque rien n'a été volé. Quand la cible porte plainte pour tentative d'effraction, ça les fait rire en douce[1]. »

C'est Dominique qui nous a repérés en premier, métro Porte de Saint-Cloud, où il nous a donné rendez-vous. Pour le rejoindre, il a fallu s'astreindre à ce qu'il appelle un « parcours de sécurité » : un itinéraire à mémoriser afin de vérifier que personne ne nous suivait. Rassuré, il nous conduit dans un café. Parmi nos contacts à la Direction centrale du renseignement

---

1. Entretien avec les auteurs le 3 février 2011.

intérieur, Dominique fait partie de ces anciens de la DST qui vous annoncent d'emblée qu'ils sont « entrés dans le renseignement pour servir leur pays ».

Ce dont parle cet officier de Levallois, c'est du « groupe des opérations spéciales ». Un intitulé qui, bien évidemment, ne figure pas dans l'organigramme de la DCRI. Ils sont une quinzaine d'hommes rompus aux ouvertures indolores de portes, à la sonorisation d'appartements, à la pose de balises sous les voitures... Lorsqu'ils interviennent clandestinement, dans un domicile par exemple, ils prennent soin de filmer les lieux, histoire, nous a-t-on précisé, de pouvoir remettre en état, au centimètre près, avant de refermer la porte derrière eux.

« Les opérations spéciales constituent la partie la plus sensible du travail de la DCRI, celle qui intéresse fortement le politique. Tout ce qu'ils entreprennent est illégal. Ils n'ont qu'une règle : le pas vu pas pris. Tout est permis à condition de ne pas se faire piquer. »

Des paroles qui provoquent chez nous un léger malaise. Impossible de ne pas penser à ce qui nous est arrivé. Par deux fois, à quinze jours d'intervalle, il a fallu changer la serrure de l'appartement parisien qui nous a servi de QG durant toute notre enquête. La serrure, en apparence intacte, ne fonctionnait plus. Impossible d'ouvrir la porte, de l'extérieur comme de l'intérieur, sans faire appel à un serrurier. Lequel a diagnostiqué une tentative d'effraction exotique. Ce qui nous a incités à porter plainte.

« Depuis l'arrivée de Squarcini, l'effraction s'est institutionnalisée », poursuit Dominique.

Le chef de ces missions clandestines se nomme Stéphane Tijardovic. Le même sous-directeur qui s'est fait prendre tel un lapin dans les phares d'une voiture, par la juge Sylvia Zimmerman[1].

En septembre 2010, le magistrat, qui enquêtait sur la plainte déposée par le journal *Le Monde* pour violation du secret des sources dans le cadre de l'affaire Woerth-Bettencourt, a mis la main sur deux documents embarrassants. En l'occurrence, des télécopies classées « confidentiel défense », adressées en juillet 2010 par la DCRI à l'opérateur Orange, au moment où le contre-espionnage cherchait à identifier les sources du journaliste du *Monde* qui avait publié les PV mettant en cause Éric Woerth[2]. Les deux fax en question étaient signés par le commissaire divisionnaire Stéphane Tijardovic.

« Le Grand », comme on le surnomme à Levallois-Perret, est un protégé de Squarcini. Le Squale l'a repéré lors de son passage éclair à la DST, avant de le propulser, en 2010, à la tête de la sous-division R, le bras armé technique de la DCRI.

D'après son CV, Tijardovic est un bidouilleur dans l'âme. Au sortir de l'école de commissaire, en 1991, il a fait un détour par la Police aux frontières d'Orly, avant d'enchaîner les postes techniques. Il s'est notamment occupé d'Acropole, le système de communication de la Police nationale.

« Squarcini avait besoin d'un exécutant qui ne pose pas de questions », commente Dominique, tout en

---

1. Voir « Un squale au bout de la ligne », p. 41.
2. À l'époque ministre du budget et trésorier de la campagne pour la présidentielle de 2007 de Nicolas Sarkozy.

vidant avec application un berlingot de sucre dans son jus d'orange.

Installée au dernier étage de l'immeuble de Levallois, la sous-division R sert de couteau suisse à la DCRI et à son chef. Les divisions opérationnelles de Levallois l'utilisent comme un prestataire de service. « R1 » se charge des sonorisations − « Ils travaillent 24 heures sur 24 et font les 3 x 8 » −, tandis que « R2 », avec qui « R1 » a d'ailleurs récemment fusionné, « casse » les ordinateurs, en clair déverrouille les systèmes de sécurité qui empêchent d'accéder au contenu d'un PC ou d'un Mac − « En quelques minutes, ils sont capables de siphonner l'intégralité d'un disque dur ».

Régulièrement, un véhicule banalisé quitte la petite commune de Boullay-les-Troux dans l'Essonne, pour se rendre 84, boulevard de Villiers à Levallois-Perret, dans les Hauts-de-Seine. Le chauffeur s'engouffre prestement dans le parking souterrain. Sa cargaison recèlerait comptes rendus d'écoutes, identifications téléphoniques et autres e-mails interceptés à l'insue de la Commission nationale de contrôle des interceptions de sécurité, la CNCIS.

« Chacun reçoit la production qui lui est destinée, mais il arrive, lors de la distribution, qu'une note atterrisse chez le mauvais interlocuteur. C'est ainsi que l'on peut découvrir enfin sur quoi travaille son voisin de bureau[1] », raconte Juliette qui fait partie des bénéficiaires de cette tournée un peu particulière.

Installée dans ce bistrot de la place d'Italie, à Paris,

---

1. Entretien avec les auteurs le 24 juin 2011.

cette jolie brune discrète a posé sur la table un bouquin, *Le Troisième Mensonge*, d'Agota Kristof, notre signe de reconnaissance.

C'est à Boullay-les-Troux, l'ancien centre technique de la DST, que se réalisent les écoutes « off » sous la houlette de la sous-division R. Alors que les écoutes légales de la DCRI tombent dans l'escarcelle de deux autres divisions : « J », qui s'occupe des enquêtes pilotées par la justice comme la récente affaire d'espionnage chez Renault[1], et qui dispose de sa propre plate-forme d'écoutes ; et « P », qui gère pour toute la maison les interceptions administratives, les fameux « GIC » autorisés par Matignon après le coup de tampon de la CNCIS.

En effet, depuis la loi du 10 juillet 1991, sur les « interceptions de sécurité », Matignon peut accorder l'autorisation de mettre n'importe qui sur écoutes. Le rêve inavouable des services de renseignement est de disposer d'un allié au Centre d'écoute des Invalides, celui des GIC, pour, le cas échéant, « brancher » en catimini. Chaque année, la Direction centrale du renseignement s'octroie près de la moitié des 6 000 GIC. Les comptes rendus de ces écoutes – les « cotes 8 » dans le jargon – sont censés être détruits sous 10 jours. Une consigne parfois oubliée. Lors d'un contrôle, la Commission nationale de l'informatique et des libertés serait ainsi tombée sur des retranscriptions d'écoutes vieilles de dix ans qui « traînaient » dans les bureaux.

Tout est bien plus simple avec les ondes hertziennes

---

1. Voir « La belle blonde », p. 90.

qui se baladent dans l'atmosphère. Elles sont une aubaine pour les services de renseignement, parce que la loi n'a prévu pour elles aucun contrôle.

« L'écoute hertzienne est aléatoire, vous ciblez une zone sur une certaine plage horaire et vous allez à la pêche. Les prises sont envoyées aux divisions qui peuvent être intéressées par la matière. » Juliette s'interrompt pour héler le garçon et commander un nouveau café. « À la cellule qui s'en occupe, ils travaillent plus comme des analystes que comme des techniciens, Pour passer l'info au tamis, ils imaginent des mots clefs pertinents, puis ils distribuent la récolte. »

La production du centre de Boullay-les-Troux ne circule pas sur le réseau intranet de la DCRI. Pour des raisons de sécurité mais aussi par souci de cloisonnement. La seule personne qui a « le droit d'en connaître », selon la formule en vigueur chez les espions, est le demandeur. La sous-division R récupère aussi, au nez et à la barbe de la CNCIS, les désormais fameuses fadettes – facturations téléphoniques détaillées –, et les données de géo-localisation réclamées par la DCRI. Et ce, grâce à un lien direct avec les opérateurs. C'est donc par ce moyen qu'est arrivée la fadette du journaliste du *Monde*, Gérard Davet[1].

C'est toujours à Stéphane Tijardovic que Bernard Squarcini a confié le soin d'aller mettre sa patte dans le pot de miel des « cousins », les espions de la

---

1. Voir « Un squale au bout de la ligne », p. 41.

Direction générale de la sécurité extérieure (DGSE). Depuis des années, grâce à leur budget colossal — quatre fois celui de la DCRI —, les cousins ont élaboré un système capable d'enregistrer 2 % du trafic mondial des communications qui passent par les satellites et par les câbles sous-marins. Ce modèle réduit d'« Échelon » — les « grandes oreilles » américaines —, que de mauvaises langues ont baptisé « Frenchelon », fonctionne grâce à des Cray, les plus puissants des ordinateurs, qui filtrent en permanence à l'aide de mots clefs des millions de messages. Squarcini a obtenu de pouvoir participer à la récolte satellitaire. Désormais, dix personnes de la sous-division R travaillent à Mortier, le siège de la DGSE. Un privilège à double tranchant puisque « les cousins » peuvent deviner, en fonction des requêtes, les sujets d'intérêt du moment à Levallois.

Il y a quelques années, la DST s'était fait prendre en train de bricoler son propre système d'interception satellitaire. Lors d'une prise d'otages à l'étranger, les contre-espions s'étaient empressés de faire remonter au gouvernement les conversations passées sur son téléphone satellite par le chef des ravisseurs. Coup de colère de la DGSE. La DST a finalement été contrainte de remballer sa quincaillerie. Ce qui n'a pas empêché les Mac Gyver du contre-espionnage de continuer à travailler discrètement sur le sujet.

Aujourd'hui, Bernard Squarcini dispose de moyens dignes des gadgets de Mister Q dans James Bond. En plus des traditionnelles valises d'interception qui captent les conversations sur portables dans un rayon de quelques centaines de mètres, la DCRI est dotée de « catcher ». Des appareils qui, dissimulés dans un sac à dos, peuvent récupérer à distance les identifiants d'un portable 2 ou 3G, y compris en mode veille, ceux du boîtier, l'EMI, et de la carte SIM, l'IMSI. Ainsi, même en changeant la puce, le boîtier reste un mouchard. Ces intercepteurs actifs créent une nouvelle borne dans le réseau sur laquelle les téléphones ciblés viennent s'accrocher, ce qui permet de prendre leur contrôle. Seul souci : les brûlures auxquelles s'exposent l'utilisateur.

La DCRI profite aussi d'une unité mobile spécialisée sur tout ce qui peut être capté depuis la rue, comme les conversations téléphoniques ou les frappes en direct sur le clavier de l'ordinateur. Pour gagner en discrétion, les antennes d'écoutes relais sont parfois dissimulées dans des coffres de scooter. Le dernier gadget qui plaît beaucoup au patron : un système embarqué dans une camionnette capable d'entendre à travers les murs d'une maison…

Ce qui se murmure à l'intérieur de Levallois, c'est que Tijardovic, jusqu'à l'affaire des fadettes, était « un homme influent », « il avait l'oreille de Squarcini ». Pour preuve, « le Grand » avait hérité des opérations spéciales en les piquant à la sous-division L, celle chargée notamment des filatures. « L » s'est fait dépouiller de tous de ses gadgets techniques, excepté ses petites caméras espionnes. Un hold-up qui a commencé par la fronde des « serruriers ». Habitués à un régime de faveur à la DST, ces princes de la monseigneur, ces orfèvres de la gâche et du cylindre n'ont pas supporté le tour de vis donné par le nouveau patron de « L1 », leur division. « Ils connaissaient beaucoup de choses et ils le faisaient savoir, ils se sentaient intouchables », raconte Dominique, l'ex-ST. Le clan des serruriers a claqué la porte et Tijardovic les a accueillis à bras ouverts à « R ». Quant au chef de « L1 », il a dû quitter la DCRI. C'est son adjoint, Paul-Antoine Tomi, qui lui a succédé. Pour la petite histoire, ce commissaire corse très discret est le frère d'une fréquentation trouble de Squarcini, Michel Tomi, l'empereur des casinos en Afrique[1].

« Tijar a monté à la va-vite son groupe des opérations spéciales, quinze jeunes officiers et gardiens de la paix qu'il a galvanisés, pensant qu'il suffisait d'avoir le matériel et de faire un petit stage. Évidemment ça n'a pas marché ! » s'agace Dominique. Après l'ombre d'une hésitation, l'officier poursuit : « Pour un travail comme celui-là, il ne suffit pas d'être bon en technique, il faut aussi être réactif en cas de problème inattendu. Quand vous sonorisez un appartement, il est hors de question de vous faire pincer. »

L'impensable s'est pourtant produit. Les « men in black » de « R1 » se sont, un jour, trompés d'appartement. « Lorsque les retranscriptions nous sont parvenues, personne ne comprenait rien aux propos relatés. Nous nous sommes rendu compte qu'il y avait erreur sur la cible. Celui qui avait posé les micros a dû aller les rechercher. Puis les reposer, cette fois dans le bon appartement. » D'où une multiplication des prises de risque.

---

1. Voir « La brise avant la tempête », p. 213.

Profitant des cafouillages de « R », la sous-division L a repris du poil de la bête et remonte petit à petit sa cellule des « opérations spéciales ». Résultat : entre les deux divisions, c'est la course à l'échalote pour attirer les meilleurs coupe-jarrets − parmi les dernières recrues, Gilles C., un ancien militaire spécialiste des missions clandestines −, et pour garder les serruriers les plus habiles comme Bertrand B., recordman des ouvertures de portes. La DCRI est fière de son tour de main et de ses « stages effraction ». Ce sont ses serruriers qui, à Gif-sur-Yvette dans l'Essonne, apprennent à des policiers triés sur le volet comment forcer une porte. Surtout sans éveiller le moindre soupçon.

Les opérations spéciales concentrent bien des secrets. Rien d'étonnant donc d'y trouver des proches de Squarcini. Outre Tijardovic qu'il a placé à la sous-division R, Squarcini a d'abord mis à la tête de la « L » Jean-François Lelièvre, ancien compagnon de route à l'époque de la traque d'Yvan Colonna, aujourd'hui coordonnateur des services de sécurité intérieure auprès du préfet de Corse, puis Jean-Michel Roncéro, avec lequel il a travaillé sur le terrorisme basque à Bayonne.

La DCRI dispose également d'une équipe de serruriers... du net. Des informaticiens capables de voyager dans le temps en retrouvant tout ce qui a été tapé sur un clavier jusqu'à un million de caractères en arrière ou d'aller aspirer, à travers la Toile, le contenu du disque dur d'un ordinateur sans laisser de trace. Pratique lorsqu'on veut par exemple mettre la main sur les épreuves d'un livre embarrassant pour le Château. Pour casser un disque dur trop récalcitrant, la DCRI peut toujours faire appel aux experts de son centre technique d'assistance, l'armée de réserve logée à Boullay-les-Troux. Un savoir faire hérité de la DST qui, dans les années 90, avait retourné des hackers.

À la sous-division R, Tijardovic a su faire fructifier la formation d'ingénieur en technologies de l'information et de la communication que la ST lui avait offerte au Conservatoire national des arts et métiers. Sa grande spécialité nous dit-on, est de pirater un ordinateur connecté pour pouvoir regarder en direct tout ce qui se passe sur l'écran. Quand, en 2010, le législateur s'est rendu compte que la police française pouvait surveiller et, au besoin, prendre en main un ordinateur à distance, il a aussitôt créé une loi pour l'encadrer, comme il l'avait fait six ans plus tôt pour la sonorisation. Mais le travail en « off » continuerait, en vertu de l'adage en cours dans les services : « Tout ce qui n'est pas prévu par la loi est autorisé. »

Pour tester ses dernières trouvailles, la DCRI profite de l'accès permanent dont disposait la DST au troisième étage de la tour Eiffel. En mars 2011, c'est du matériel des contre-espions de Levallois qui était expérimenté dans un dirigeable au-dessus de Paris. Un survol de cinq jours à partir de l'aéroport du Bourget, officiellement pour mesurer la radioactivité dans l'air…

En récupérant la sous-division R, Stéphane Tijardovic a également mis la main sur la boîte à secrets de la DCRI : Cristina, pour « Centralisation du renseignement intérieur pour la sécurité du territoire et des intérêts nationaux ». C'est dans cette immense base de données, évidemment classée « secret défense », que les 3 000 policiers de l'ombre viennent déposer le renseignement qu'ils ont butiné. On y trouve les fiches de dizaines de milliers de Français, des présumés terroristes, des individus potentiellement dangereux pour les intérêts de la nation, leurs amis et les amis de leurs amis.

Mais Cristina est aussi le Big Brother de la maison. Pour y entrer, il faut montrer patte blanche, taper un code d'accès personnel. La moindre consultation est donc tracée.

Le bruit de la rue nous a rattrapés à l'intérieur du café comme si l'on avait soudain monté le son d'une radio. C'est la sortie des bureaux. Juliette, notre jolie espionne, du café de la Place d'Italie, force un peu la voix. « On sait qui a consulté quoi. Dès que quelqu'un s'intéresse à un sujet considéré sensible, c'est comme s'il tirait une clochette ! »

Le Squale a importé ce système d'alarme de la DST pour mieux verrouiller l'information en interne. Le fameux « droit d'en connaître ».

9

Les femmes du président

Bernard Squarcini est arrivé en avance à l'Élysée. Le chef de l'État a convoqué le patron du renseignement intérieur pour lui remonter les bretelles. Alors qu'il patiente dans l'antichambre du bureau présidentiel, son portable se met à sonner. Au bout du fil, Carla Bruni-Sarkozy.

« Elle m'a engueulé. Elle m'a reproché de l'avoir contredite publiquement[1]. »

Le chef des contre-espions répond en italien. Il tente d'amadouer la première dame dans sa langue maternelle. Créer une fausse proximité afin de retourner un adversaire, voilà bien le réflexe d'un homme du renseignement. Squarcini sait l'avantage qu'il peut tirer des origines de sa mère.

Mais une seconde épreuve l'attend. L'entrevue avec le Président, mécontent qu'il ait fait passer

---

1. Entretien avec les auteurs le 31 mai 2011.

son épouse au mieux pour une cruche, au pire pour une menteuse. « Nico m'a passé un savon. Je lui ai dit : "Je comprends, Président, voilà les clés, je vous remets ma démission"... »

Et le patron de la Direction centrale du renseignement intérieur de conclure, avec l'air satisfait du marionnettiste qui s'est joué de tout le monde une fois de plus : « Je suis encore là. »

7 avril 2010, 16 h 30, rue François-Ier à Paris. Une puissante berline s'engouffre dans le parking d'Europe 1. En sort Carla Bruni, accueillie par le PDG de la station de radio. Direction les studios où elle va enregistrer six minutes d'interview qu'elle a soigneusement préparée. L'épouse du Président est là pour dégonfler des rumeurs sur une prétendue crise que traverse son couple. Une histoire de ragots en passe de virer à l'affaire d'État depuis qu'il se murmure que les services de renseignement auraient enquêté sur une ancienne ministre du gouvernement.

À 18 heures, Carla est sur les ondes : « Je suis venue pour relativiser, pour qu'une affaire qui n'a aucune importance pour nous et qui ne compte pas, ne prenne pas de proportions ridicules. » Et de préciser : « Il n'y a aucune enquête de police, c'est inimaginable. On ne fait pas une enquête sur des commérages. »

À 20 h 45, tombe une dépêche AFP, un « urgent » de deux lignes où Bernard Squarcini explique que le patron de la Police nationale lui a bien demandé d'enquêter sur l'origine des rumeurs d'infidélité au sein du couple présidentiel. Bref, le directeur de la DCRI contredit la première dame, tout en précisant avoir agi sur instruction. À croire que le champion des écoutes n'a pas entendu l'interview de Carla. Surtout, la dépêche, qui survient au pire moment, reprend l'interview qu'il a donnée le matin au site du journal en ligne Médiapart. Le patron du renseignement intérieur était alors monté au créneau pour dire que sa boutique n'avait procédé « à aucune écoute téléphonique dans ce dossier, ni à aucune enquête visant de près ou de loin Mme Rachida Dati », mais il avait concédé : « Nous avons mené des investigations techniques, notamment informatiques, afin d'essayer de déterminer d'où étaient parties ces rumeurs. » Voilà ce qui a mis en porte à faux Carla Bruni qui, quelques heures avant, affirmait le contraire à la radio.

Drôle d'aveu tout de même de la part du grand chef du renseignement intérieur, qui reconnaît avoir mobilisé ses services, non pour traquer un terroriste ou démasquer une taupe, mais pour une chasse aux commères. Une enquête menée dans le plus grand secret dont personne n'aurait jamais rien su, si Pierre Charon, conseiller spécial du président et chaperon officieux de Carla, ne s'était empressé de pointer du doigt celle qu'il déteste : Rachida Dati.

Le dimanche 14 mars, la députée européenne s'apprête à se rendre sur le plateau de France 2 pour commenter le premier tour des régionales lorsque son officier de sécurité reçoit un appel de la place Beauvau qui lui annonce qu'on lui retire sur-le-champ son chauffeur et ses gardes du corps. Pierre Charon, « Ragots et chansons », comme l'appelle méchamment Squarcini qui cultive la manie des surnoms, raconte que si le chef de l'État a sucré à Rachida son escorte policière, c'est pour la punir. Une enquête l'aurait identifiée comme la langue de vipère qui colporte les sales rumeurs. Il existerait même des textos et des conversations téléphoniques pour la confondre.

Rachida Dati est comme une grenade dégoupillée. Le matin du 7 avril, sur RTL, elle fait passer le message : « Des enquêtes ou des écoutes téléphoniques, c'est absolument impossible. On est dans un État de droit... Je connais assez bien le président de la République. J'étais auprès de lui lorsqu'il était au ministère de l'Intérieur, il a toujours combattu ce genre de pratiques. Maintenant ça suffit, il faut que ça s'arrête. Je n'ai peur de rien. » C'est clair pour certains : l'ancienne chouchoute de Nicolas Sarkozy sait beaucoup de choses qu'elle pourrait mettre sur la place publique.

Au Château, on décide aussitôt de calmer le jeu. Le secrétaire général de l'Élysée, Claude Guéant, qui, la veille, annonçait dans *Le Canard enchaîné* : « Le Président ne veut plus voir Rachida Dati », rectifie prestement le tir dans une dépêche à l'AFP : « La vérité d'hier n'est peut-être pas celle d'aujourd'hui... » Tandis que Bernard Squarcini, lui, jure que la DCRI n'a jamais travaillé sur l'ex-garde des Sceaux.

Le contre-espionnage aurait bel et bien ramené dans ses filets un conseiller de l'ancienne garde des Sceaux. Mi-mars, François-David Cravenne soupçonné, est convoqué par le ministre de l'Intérieur, Brice Hortefeux, qui lui demande de couper le contact

avec Rachida Dati[1]. La liste des communications téléphoniques de son Blackberry, dont les SMS échangés avec Rachida Dati, a été épluchée. Comme dans
l'affaire des fadettes du *Monde*, la DCRI se serait
contentée, pour retrouver la source des rumeurs, de
« vérifications techniques », sans jamais, ô grand
jamais, se laisser aller à des écoutes téléphoniques. Et
comme dans l'affaire des fadettes du *Monde*, l'Élysée
n'aurait rien demandé à la DCRI. C'est donc Frédéric
Péchenard, le directeur général de la police, qui, de sa
seule initiative, aurait sollicité Bernard Squarcini.

Tout a en fait commencé le 9 mars. Un jeune
employé de Newsweb, une filiale du groupe Lagardère Interactive, repère un potin sur les liaisons extra-
conjugales du couple Sarkozy qui tourne depuis des
semaines sur la Toile. Missionné pour aimanter les
internautes avec des infos people, il la poste aussitôt sur son blog hébergé par le site du *Journal du
Dimanche*. Il n'en faut pas plus pour que le web s'en-
flamme. La presse étrangère s'empare de l'information, la croyant validée par un journal français. Colère
au Château. Squarcini est missionné pour mettre la
main sur le pyromane. À Levallois-Perret, au siège
de la DCRI, la sous-division R, chargée notamment
de la veille Internet, identifie les ordinateurs qui ont
relayé les e-ragots et remonte jusqu'à un certain
« Miklo7 », en fait le pseudo du salarié de Newsweb.
Une traque Internet qui devient en langage « squar-
cinien » : « Une remontée informatique au plus près
du point de départ dans le temps et, si possible, de la

---

1. *L'Express*, 2 juin 2010.

source ». Grâce aux éléments recueillis par le contre-espionnage, l'Élysée obtient la tête du jeune blogueur et de son patron. Quant au groupe Lagardère, il est fortement incité à déposer plainte contre X pour « introduction frauduleuse de données dans un système informatique ».

Pour que la DCRI ne se ridiculise pas dans une histoire de potins, on vend aux journalistes l'hypothèse d'un « complot organisé », d'une « possibilité de déstabilisation de l'État » : le blogueur aurait pu être instrumentalisé. On insiste sur la manière suspecte dont la presse internationale s'est précipitée pour reprendre l'information malveillante. N'est-ce pas étrange de retrouver *La Tribune de Genève* qui, cinq ans plus tôt, avait déjà énervé Nicolas Sarkozy en relayant les rumeurs sur la crise traversée par le couple qu'il formait alors avec Cécilia ? Dans la garde rapprochée de Sarkozy, certains ressortent même du chapeau le nom de Dominique de Villepin comme ayant pu contribuer à diffuser la rumeur.

En travaillant avec zèle sur une affaire qui touchait Carla Bruni, Bernard Squarcini espérait sans doute rentrer dans les papiers de la première dame, comme au temps de Cécilia, et, ce faisant, consolider sa position auprès de l'époux présidentiel. Avec le risque que ce crêpage de chignons se transforme en affaire d'État.

Jusqu'à mettre entre les mains de l'épouse de Sarkozy les résultats d'une enquête de la DCRI ? Avant d'innocenter son amie Rachida, Carla n'a-t-elle pas appelé Cécilia pour la mettre en garde : « Je dois vous dire que deux personnes avec lesquelles vous êtes en contact ont un comportement inqualifiable. Il s'agit de votre ex-belle sœur Sophie et de Rachida Dati. » Avec cette précision : « Je ne vous informe pas de soupçons ou de ragots. J'ai un dossier de police que je tiens à votre disposition et qui montre que ces deux femmes complotent contre nous et donc, de fait, contre la présidence[1]. »

Participer au bien-être affectif du Président semble être désormais l'une des missions du chef du contre-espionnage français. Un rôle inédit mal vécu à Levallois où l'on a parfois l'impression de jouer les figurants dans un vaudeville. C'est le sentiment de Philippe, un ancien commissaire de la DST qui a rejoint la DCRI. « C'est allé trop loin. Il y a un vrai malaise dans la maison. Squarcini ne sait pas dire "non" au Président. Il a accepté d'exécuter des ordres qui ne sont pas dignes d'un service de renseignement. »

Soudain, comme pris d'un doute, notre commissaire s'arrête : « Vous ne mettez pas ça dans ma bouche, on est bien d'accord[2] ? »

Voilà Bernard en premier valet du roi qui rêve de devenir grand chambellan. Comme à la cour de France, Sarkozy met en scène sa vie privée. Lors de son intronisation à la tête de l'UMP, c'est le petit Louis qui apparaît sur écran géant devant six cents journalistes et, du haut de ses cinq ans, lance : « Bonne chance, mon papa. » On a aussi eu droit à la photo de Carla et Nicolas à Disneyland qui officialise

---

1. Mathieu Darmon et Yves Derai, *Carla et les ambitieux*, Éditions du Moment, 2010.
2. Entretien avec les auteurs le 9 septembre 2011.

leur liaison, ou encore à la distribution en fin de conseil des ministres du dernier CD de son épouse. En « pipolisant » la fonction, le chef de l'État crée les conditions du dérapage. La frontière entre vie privée et vie publique s'efface et, dans cette joyeuse confusion, Squarcini a beau jeu de dire : « Lorsque j'interviens dans ce que vous appelez l'affaire Dati, c'est parce qu'on s'en prend au couple présidentiel. Je fais mon boulot, c'est tout[1]. »

De l'ancienne garde des Sceaux, le Squale, bien qu'il s'en défende, semble s'être occupé. Par exemple, pour éloigner cette invraisemblable rumeur qui a fait de l'un des frères de Sarkozy le père de Zohra, la fille de Rachida, quelques esprits mal tournés arguant de la visite à la maternité de la mère du Président et d'un de ses fils pour accréditer leur thèse. Jusqu'à ce qu'un sirocco passé par Levallois ne souffle une autre rumeur tout aussi invérifiable : le père de Zohra serait José Manuel Aznar, l'ancien chef du gouvernement espagnol ! Lequel a vivement démenti. Entre eux, les contre-espions de la DCRI se racontent une tout autre histoire : Zohra relèverait bien de la raison d'État, sur fond d'intérêts diplomatiques. L'enfant aurait comme père un haut magistrat d'un pays du Golfe. Michelle Alliot-Marie, quand elle était ministre de l'Intérieur, aurait été mise à contribution pour régler quelques petits problèmes matériels entre les parents : droit de visite, vacances, etc. S'agit-il d'une nouvelle fable ?

« Lorsqu'elle a été nommée à la Justice, Rachida

---

1. Entretien avec les auteurs le 31 mai 2011.

Dati a demandé à Péchenard de veiller à ce que rien ne sorte sur ses histoires de cœur, ses diplômes, ses frangins, sa carrière. Elle était très inquiète. Il nous a confié le boulot. On l'a accompli de manière quotidienne. C'était pénible[1], confie l'ancien patron des RG, Joël Bouchité. Plus tard, quand Bernard a pris la tête de la DCRI, Charon lui a demandé de vérifier si Dati était bien à l'origine des rumeurs sur le couple Sarkozy, Bernard a fait le travail, puis la presse a été nourrie d'informations "confidentielles" sur le sujet... »

La famille Dati donne décidément du travail au contre-espionnage. Quand le frère cadet de la députée européenne, condamné en 2007 à un an de prison pour trafic de stupéfiants, se pique de publier un livre, *À l'ombre de Rachida*, c'est la panique. Quels secrets va révéler Jamal ? Chez Calmann-Lévy, on s'entoure d'un luxe de précautions. Au mois de juillet 2009, un intrus s'introduit pourtant dans les étages de la rue de Fleurus, à Paris, à deux pas du jardin du Luxembourg. « C'était un mardi, le jour de la traditionnelle réunion de fabrication dans les maisons d'édition, il n'y avait donc plus personne dans les bureaux, raconte Mireille Paolini, éditrice de Jamal Dati. Quand je suis remontée, le manuscrit avait disparu[2]. » Rien d'autre n'a été volé, le bureau de l'éditrice est le seul à avoir été visité. « Quelques jours plus tard, le téléphone de mon domicile est tombé en panne. Le technicien de France Telecom a découvert que les fils de l'alarme

---

1. Entretien avec les auteurs le 9 novembre 2011.
2. Entretien avec les auteurs le 23 octobre 2011.

qui étaient connectés au boîtier téléphonique avaient été débranchés. Je suis allée déposer plainte pour la deuxième fois. » Avec, au final, un classement sans suite. Quelques mois plus tôt, Jamal Dati affirmait s'être fait dérober à son domicile des pages du contrat signé avec Calmann-Lévy.

Bernard Squarcini ne cesse de le répéter : il ne s'occupe plus des journalistes, ni des livres. Ces pratiques appartiennent au temps révolu des RG. Pourtant la chasse aux manuscrits n'a jamais cessé, notamment quand les ouvrages concernent Carla.

Été 2010. Le Tout-Paris attend avec impatience la sortie prochaine de deux livres sur la première dame dont l'un s'annonce gratiné. Et le Président pique une grosse colère sur le thème : « J'ai 4 500 flics du renseignement et personne n'est capable de me dire ce qu'il y a dans ce bouquin… » Depuis quelque temps, les maisons d'édition qui disposent dans leurs tiroirs de sujets susceptibles d'énerver le Château sont atteintes d'une fièvre paranoïaque. On se méfie d'Internet, plus question de travailler sur des ordinateurs connectés, les manuscrits sensibles sont enregistrés sur des clefs USB, de peur que le contenu du disque dur soit aspiré par les experts de la sous-division R de la DCRI.

C'est également à l'été 2010 que Claude Guéant crée un nouveau poste à l'Élysée : « Conseiller du président de la République à la Sécurité ». Et, pour occuper cette fonction aux contours flous, il choisit le dernier patron des Renseignements généraux, Joël Bouchité. Les mauvaises langues prétendent que dans la traque aux bouquins, « Jojo » serait venu prêter main forte.

La sortie coup sur coup à l'automne 2010 des deux livres sur Carla aura fait une victime au Château : Pierre Charon, déjà ébranlé par « l'affaire Dati ». Le chaperon de la première dame, qui travaillait main dans la main avec Squarcini, est chassé du palais en novembre. Pourtant, deux ans plus tôt, le mariage de l'ex-top model italien et de Nicolas Sarkozy lui avait ouvert les portes de l'Élysée. Ce pilier du premier cercle disposait alors d'un beau bureau décoré de photos du couple. Charon veillait comme la prunelle de ses yeux sur la femme du président, dont il guidait les premiers pas dans les coulisses du pouvoir. Il faisait jouer son carnet d'adresses dans les rédactions pour lui assurer de bons papiers, et l'amusait avec les cancans de la vie politique.

Squarcini, que Carla ne porte pas dans son cœur, a longtemps cajolé Charon. Il était toujours prompt à lui rendre service. À Levallois, certains se souviennent avec précision de cette demande du printemps 2009 concernant une jeune journaliste qui avait eu le tort de faire un portrait au vitriol du conseiller spécial du Président. Squarcini apprécie aussi les grivoiseries de Pierre Charon. C'est d'ailleurs une saillie verbale sur l'une des ministres préférées de Sarkozy qui a valu à Charon l'excommunication. Le 6 septembre 2011, celui-ci lance à propos de Chantal Jouanno, qui mène la liste UMP aux sénatoriales de Paris : « Qu'elle soit sur les tatamis ou au lit, elle est tête de liste. Elle sera donc élue ! » C'est Bernard Squarcini, que nous rencontrons une semaine plus tard, qui nous raconte la suite : « L'histoire du lit avec Jouanno, ça a foutu "le petit" dans tous ses états. Ça a foutu le feu au Château. "Le petit" veut le tuer[1]. »

Depuis le départ de Pierre Charon, le patron de la DCRI a perdu un précieux ambassadeur auprès de Carla. L'épouse du Président n'oublie pas que Squarcini a d'abord été l'ange gardien de Cécilia. Une tâche dont il s'est acquitté discrètement comme numéro 2 des RG, puis, dans l'ombre, lorsqu'il est devenu préfet délégué à la sécurité à Marseille, tout en continuant de veiller sur un petit village de Corse du Sud où vit la première épouse de Sarkozy. Quand une photo truquée qui tentait de faire passer Cécilia pour une ex- « coco girl », le nom donné aux pin-up d'une émission de variétés de TF1 dans les années 1980, a circulé dans les rédactions, c'est Squarcini qui a éventé la manipulation et localisé les faussaires.

Cette guerre des rumeurs donne d'ailleurs lieu à l'époque à un épisode cocasse. Un jour, le patron des RG, Yves Bertrand, qui roule pour le camp d'en face, les chiraquiens, récupère ce qu'il pense être un tuyau : « Sarkozy fréquente une Grimaldi en Corse. » La personne n'a rien à avoir avec la principauté, sauf qu'une fois infusée dans les rédactions, l'info devient : « Sarkozy voit régulièrement Stéphanie de Monaco en Corse. » La garde rapprochée du ministre en est alors convaincue : un cabinet noir souffle sur les braises pour mettre le feu au couple, par exemple

---

1. Entretien avec les auteurs le 12 septembre 2011.

en alimentant la presse suisse avec la liste des supposées maîtresses de Nicolas.

Squarcini devient indispensable pour parer ses ragots. Et, grâce à Cécilia, son as de cœur, il entre dans l'intimité de Nicolas – au point que Claude Guéant en prendra un temps ombrage. C'est Squarcini qui apporte au chef la mauvaise nouvelle, le 25 août 2005, sur le tarmac de l'aéroport d'Ajaccio. Au pied de l'avion, il tend à Sarkozy le numéro de *Paris-Match* qui sera en kiosque le lendemain. À la une, s'étale la photo de Cécilia avec son nouveau compagnon, le publicitaire Richard Attias. Joël Bouchité, se souvient du coup de fil que lui a passé Squarcini alors préfet à Marseille lorsqu'il était numéro 2 des RG :

« Il m'a demandé de me rencarder sur un certain Richard Attias. Il m'a dit : "Ce monsieur fréquente Cécilia. Sarkozy voudrait savoir qui c'est, ses liens avec les services jordaniens notamment." Moi, je suis loyal je fais le boulot. Je sonne mes gars puis j'appelle Bousquet, le directeur de la DST. Je trouve un prétexte : le ministre de l'Intérieur et le Président sont amenés à croiser cet entrepreneur de spectacles, on voudrait savoir en haut lieu s'il n'est pas un agent jordanien. Les uns et les autres se renseignent et me font remonter les informations : l'homme d'affaires est peut-être amoureux, mais il est clean. Plus tard, Cécilia et Richard font la une de *Paris Match*. Les gars des RG qui avaient fait le travail ne tiquent pas. Bousquet, en revanche, m'appelle et me demande si je fais dans les mœurs. Puis c'est Mailhos, mon chef, qui me convoque. Il exige des explications. Je dis que j'ai simplement fait mon boulot. Il me réclame un rapport. Je retourne à mon bureau. En fin de journée, Mailhos me re-convoque et me réclame à nouveau le rapport. Je lui ai alors répondu que je n'étais pas un gardien de la paix… »

En 2007, après s'être rabiboché, le couple recommence à tanguer, c'est un ami de Bernard Squarcini, le controversé homme d'affaires Alexandre Djouhri[1], qui souffle l'idée d'enrôler Cécilia dans la libération des infirmières bulgares détenues en Libye. Objectif : faire en sorte qu'elle s'attache à sa nouvelle fonction de première dame. Mais rien n'y fera. Cécilia et Nicolas finiront par divorcer.

Bernard Squarcini n'a pas encore pris la tête de la DCRI, il est à la DST quand survient la fameuse affaire du SMS. En février 2008, le site du *Nouvel Observateur* annonce que le chef de l'État, huit jours avant son mariage avec Carla, a envoyé à son ex ce texto : « Si tu reviens, j'annule tout. » Branle-bas de combat à l'Élysée. Bernard est une nouvelle fois appelé à la rescousse. Il mène rondement sa petite enquête, conjointement à l'ami Charon. Pour eux il n'y a pas de doute : le fautif se nomme David Martinon, porte-parole de l'Élysée et intime de Cécilia. Finalement, en échange d'une lettre d'excuse du journaliste du *Nouvel Obs*, Nicolas Sarkozy retirera sa plainte pour « faux, usage de faux et recel », Cécilia niera avoir reçu le SMS, tandis que Martinon perdra son poste à l'Élysée et la promesse de succéder à Sarkozy à la mairie de

---

1. Voir Pierre Péan, *La République des mallettes*, op.cit.

Neuilly-sur-Seine. Il sera exilé consul général de France à Los Angeles.

Aujourd'hui, tout en veillant sur Carla, le patron de la DCRI doit continuer de garder un œil sur Cécilia, par exemple pour que l'ex-première dame n'aille pas se confesser en période d'élections auprès de journalistes mal intentionnés…

10

Motus et bouche cousue

La lumière vient de se rallumer. Ce mercredi 17 septembre 2008, France 2 a organisé une projection presse au siège de France-télévision, pour la première de son émission « Les Infiltrés ». Trente-quatre journalistes viennent de visionner le documentaire sur les maisons de retraite, premier volet d'une nouvelle série présentée par David Pujadas qui fait déjà polémique. Son principe : enquêter sur un sujet avec des caméras cachées.

Quand arrive le moment des questions, Alain Prissette lève la main, comme les autres journalistes. Personne ne lui demande quel média il représente. Mais, au sortir de la projection, quand chacun file vers sa rédaction, Alain Prissette, lui, rentre à Levallois-Perret, au siège de la Direction centrale du renseignement intérieur.

Le commandant Prissette fait partie de la cellule presse de la DCRI : les trois anciens fonctionnaires de la DST qui suivaient déjà la presse, et la « cellule communication » des RG qui s'occupait des journalistes et de l'édition. Tous ont été rapatriés avec armes et bagages à la DCRI, en juillet 2008, au moment de la fusion. Ils composent désormais un petit groupe hébergé à la section cabinet de l'état-major, qui, depuis le printemps 2010, est justement dirigé par le commandant Prissette.

Officiellement, cette cellule n'existe pas. Quand il est questionné sur le sujet, Bernard Squarcini, le patron du renseignement intérieur, assure : « Je n'ai plus de section presse aux RG mais des gens qui font une revue de presse régionale, nationale et internationale axée sur le terrorisme et les atteintes à la sûreté de l'État[1]. » Mais que diable, alors, venait donc faire Alain Prissette à l'avant-première d'une émission sur les maisons de retraite ?

Et lorsqu'on demande à Squarcini ce que sont devenues les 50 000 fiches nominatives sur la presse et l'édition détenues par les Renseignements généraux, la réponse fuse : « Tous les fichiers RG ont été broyés. » En toute illégalité, alors : en effet aucune administration n'a le droit de détruire ses fichiers sans l'accord des Archives nationales. Lesquelles n'ont jamais été saisies d'une telle demande[2]. De là à imaginer que lesdites archives ont été conservées – en toute discrétion – par Bernard Squarcini... C'est ce que nous confie Joël Bouchité, le dernier patron

---

1. *Libération*, 4 novembre 2010.
2. Le directeur des Archives de France nous a confirmé par écrit, que les Archives nationales n'ont jamais été sollicitées pour une quelconque « autorisation de destruction ».

des Renseignements généraux, celui qui a fermé la boutique à l'été 2008[1].

« Qu'il ne dise pas le contraire : il me les a demandées. Il a aussi recréé à son côté une petite cellule presse. Des mecs chargés de se rancarder sur ce qui se passe dans les journaux, les affaires qui vont sortir, la personnalité des journalistes. Pour cela, comme pour d'autres choses, ils usent de moyens parfaitement illégaux. Leur grand truc, c'est de voler des adresses IP, la carte d'identité des ordinateurs. Ils épient les échanges de mails, les consultations de sites. Ils sont alors au parfum de tout. Si nécessaire, ils doublent en faisant les fadettes. » Et d'assener : « Bernard a ancré dans l'imaginaire populaire que la DCRI était une police politique. Ce n'est pas de bol : Sarko avait tout fait pour prouver le contraire. D'abord en supprimant les sondages, puis en interdisant les blancs[2]. Cela n'a pas empêché Bernard de partir à Levallois avec des camions d'archives. Notamment celles qui concernent des personnalités politiques et des journalistes. »

Début juillet 2010, Claude Guéant, le secrétaire général de l'Élysée, organise rue du Faubourg-Saint-Honoré une réunion de crise pour riposter aux révélations sur l'affaire Bettencourt publiées sur Médiapart.[3]Le journal en ligne piloté par Edwy Plenel, l'ancien patron de la rédaction du *Monde*, a sorti, quelques semaines plus tôt, les enregistrements

---

1. Entretien avec les auteurs le 16 août 2011.
2. Ces notes sans en tête ni signature censées faire état d'informations sensibles, vraies ou fausses, dont les RG s'étaient fait une spécialité.
3. *Le Point*, 15 juillet 2010.

pirates qui mettent en cause le ministre du Budget et trésorier de l'UMP, Éric Woerth. L'Élysée prétend posséder un dossier produit par la Direction centrale du renseignement intérieur. L'information diffusée est de fait précise : le principal actionnaire de Médiapart est un évadé fiscal belge, propriétaire d'un restaurant à Paris dans le VIᵉ arrondissement.

David est catégorique. C'est la troisième fois que nous rencontrons cet officier de la DCRI. Avant de commencer à nous parler, il a pris soin de vérifier que nos téléphones portables étaient bien éteints.

« La boîte a effectivement demandé, en 2010, un travail sur Médiapart et Plenel parce qu'ils énervent le Château[1], confirme-t-il. La demande venait de l'État-Major. Certains ont refusé mais on a su en interne que d'autres l'avaient fait. »

Peut-être est-ce ce dossier, en l'occurrence un document de sept pages sur le financement du journal en ligne, que Claude Guéant a entre les mains cet été 2010. Ce genre de demandes d'enquête discrètes laissent peu de traces. Comme on nous l'a expliqué, pour ausculter en *off* les comptes bancaires d'une cible ou sa feuille d'impôts, les contre-espions évitent bien sûr la réquisition judiciaire, ils contactent directement leurs « indics » au fisc et dans les banques. Quelques mois plus tôt, les deux journalistes de Médiapart chargés d'enquêter sur la milliardaire avaient déjà fait l'objet d'une attention particulière. Fabrice Arfi et Fabrice Lhomme, qui a depuis rejoint *Le Monde*, mettaient alors la dernière main à leur

---

1. Entretien avec les auteurs le 30 juillet 2011.

ouvrage intitulé *Karachi, l'affaire que Sarkozy voudrait oublier*. Ils assurent avoir été pendant cette période « géolocalisés »[1]. En clair : on aurait épié leurs moindres déplacements grâce au bornage de leurs téléphones. La « géoloc » – comme on dit dans la police –, c'est aussi bien que les fadettes. Elle permet non seulement de reconstituer le parcours d'une cible mais aussi de connaître tous les téléphones portables, même en veille, qu'elle a croisés sur sa route. En prime, grâce à un petit logiciel qui fait fureur à la DCRI, on peut, en entrant les coordonnées téléphoniques du suspect, obtenir la liste de toutes les caméras privées et publiques qu'il a croisées. C'est ensuite un jeu d'enfant pour un service de renseignement que de jeter un œil aux images et ainsi d'identifier les contacts de la cible.

La moindre insinuation dans la presse sur des enquêtes menées par la DCRI sur des journalistes pour le compte du Château, et Squarcini se fâche tout rouge. En novembre 2010, le patron de la DCRI a ainsi porté plainte pour diffamation contre *Le Canard enchaîné*. Dans la foulée, son avocat a prévenu que le patron des contre-espions n'hésiterait pas à poursuivre tout journaliste réitérant ces accusations. La DCRI a pourtant bel et bien travaillé en 2009, sur *Le Canard enchaîné*, afin de débusquer la source qui, au Quai d'Orsay, lui fournissait des télégrammes diplomatiques. Comme souvent, Levallois a commencé discrètement son enquête, avant que la justice ne

---

1. *Libération*, 5 novembre 2010.

soit saisie, en l'occurrence par Bernard Kouchner, ministre des Affaires étrangères, qui avait déposé plainte contre X. Au final, une partie des renseignements recueillis sous le manteau a été « blanchie » dans la procédure. Dans le jargon, on appelle ça « ramener une affaire en judiciaire ». C'est la même machine à laver qui a fonctionné dans l'affaire des fadettes du journaliste du *Monde*.

Lorsqu'une épidémie de vols d'ordinateurs s'est déclenchée, à l'automne 2010, dans les rédactions travaillant sur l'affaire Bettencourt, Squarcini a tout de suite prévenu : « La DCRI n'a rien à voir avec ces carabistouilles. » Avec cette précision énigmatique : « Si nous nous intéressons à un ordinateur, nous n'avons pas besoin de le voler pour savoir ce qu'il contient »[1]. David nous donne quelques explications : « Maintenant on n'a plus besoin de partir avec l'ordinateur, on siphonne le contenu à distance. Il y a des gens chez nous à la section "R" qui font ça très bien[2]. Si la cible ne se connecte jamais sur Internet, ni sur Wifi, il faut aller sur place pour faire un double du disque dur, mais c'est rapide et indolore. »

Après une pause, il reprend : « En revanche, si vous voulez donner un signal, lancer un avertissement, voler l'ordinateur est une façon d'intimider les sources, en leur signifiant que leur contact est ciblé. C'est un travail qui peut être sous-traité. Les services ont tous dans leur carnet d'adresses une boîte privée

---

1. *Marianne*, 13-19 novembre 2010.
2. Voir « La sous division R », p. 116.

prête à bosser pour eux. » La plupart du temps, il s'agit d'anciens collègues.

Le patron de la DCRI affirme qu'il ne s'occupe pas de la presse, qu'il a « d'autres chats à fouetter » : « Je ne m'intéresse pas aux journalistes mais à leurs sources. » Cela tombe bien. C'est justement en coupant le robinet des dites sources que l'on retarde l'éclosion des scandales susceptibles d'éclabousser le pouvoir. Mission plutôt réussie. Le quinquennat de Nicolas Sarkozy n'aura été pollué par les affaires que dans la dernière ligne droite.

« En tant qu'enquêteur, si vous récupérez un renseignement gênant pour le Château, vous avez trois solutions, expose David. Soit vous faites remonter l'info tout de suite. Alors l'ordre revient tel un boomerang : ne plus bouger. Ou alors vous enterrez tout seul, ni vu ni connu, pour ne pas vous faire trop repérer par les chefs, et l'affaire ne sortira jamais. Troisième solution : vous le faites savoir à l'extérieur, à la presse notamment. C'est ce que les patrons redoutent. En menaçant de nous retirer notre habilitation "secret défense", ils nous mettent la pression. Nous ne devons pas approcher le moindre journaliste. »

La presse, voilà l'ennemie !

Marseille, Café de la banque, une fin d'après-midi ensoleillée. Dehors, des hommes cravatés prennent l'apéro. La terrasse a aimanté tous les clients, nous sommes allés chercher le calme à l'intérieur, sous la verrière. Il se dirige droit vers notre table. Lunettes de soleil, large sourire, mèche rebelle. Drôle d'impression que d'avoir devant nous Ken, le compagnon de Barbie. Jean-Pierre Dumontois est le chef d'état-major de la DZRI de Marseille. Comprenez la DCRI méditerranéenne qui pilote treize départements, ceux de Corse inclus. Il a accepté de passer trois heures dans un café, un vendredi soir, avec des journalistes que Squarcini soupçonne du pire. Apparemment, « Ken » est en mission commandée pour nous restituer les « éléments de langage » de son patron, et il le fait avec enthousiasme.

« Si vous voulez faire un bilan de l'efficacité de la DCRI, je vous réponds qu'elle est efficace. Nous déjouons les attentats. La DCRI fait de la "répression préventive".

– L'audit en cours ?

– Il va être bon. »

Suit une longue démonstration qui se conclut par : « La fusion est une vraie réussite incarnée par le préfet Squarcini. Il a fait la synthèse de ce qu'il y avait de meilleur dans les deux services, DST et RG. Ceux qui ont choisi la DCRI avaient le goût de l'aventure, du challenge.

– La DCRI est pourtant soupçonnée de faire du renseignement politique ? », osons-nous.

Le regard de Jean-Pierre Dumontois se fait inquiet. Il se réfugie derrière le catéchisme de Levallois :

« Le préfet réduit le soupçon en expliquant régulièrement dans les médias ce que nous faisons. Il réfléchit même à la possibilité d'un site Internet. On peut faire ce qui ressemble à ce dont vous parlez, du renseignement politique, comme vous dites. Mais c'est parce que l'on pense qu'il y a ingérence étrangère, ou atteinte aux intérêts ou à la sûreté de l'État. Comment savoir sur quoi va-t-on tomber ? Qu'est-ce qu'on a à cacher ? Rien ! »

La mèche rebelle est chassée d'un mouvement de main. Son portable vibre, un appel masqué. « Oui, toujours, oui, monsieur le directeur... »

Va-t-il « rendre compte » de notre entretien ?

« Bien sûr. Normalement, seul le préfet a le droit de parler aux journalistes. »

On met sur la table le sujet des écoutes téléphoniques *off.* Affolement perceptible des pupilles :

« Il y a un fantasme, les écoutes sont très contrôlées. Je suis marié, j'ai des enfants, je peux vous dire que je ne laisserai pas mettre sur écoute quelqu'un qui n'a rien à se reprocher. Il m'est souvent arrivé de refuser une écoute alors que l'opérationnel sur le terrain me disait : "Ça peut toujours servir."

– Il y a pourtant des écoutes qui échappent à tout contrôle comme les interceptions hertziennes ? renchérissons-nous.

– Ça sort de ma compétence, c'est géré à Paris. »

La conversation s'enlise dans des détails sur les champs de compétence et la manière de travailler de la DCRI, ponctuée de « Nous sommes des gens normaux ». Pour finir de nous convaincre, il se lance dans un *speed dating* : « Je suis un père de famille, je fais du sport, je suis un fan de vélo, planche à voile, course à pied, j'ai des amis, d'ailleurs je vous ai parlé comme à mes amis. »

21 h 30. Il est temps de prendre congé.

« Vous savez, je ne suis pas tenu... Je suis prêt à échanger encore avec vous, de façon normale, comme on l'a fait ce soir. Je suis là pour faire passer le...

euh… pour vous donner des informations… Tenez, je vous donne ma carte. Vous avez la vôtre ? »

Notre nouvel « ami » et néanmoins officier traitant est visiblement soulagé que l'entretien soit terminé. « Tout le monde chez nous s'inquiétait de cette rencontre, moi je suis ravi de vous avoir vus. Le fait que je sois là, à discuter, c'est déjà un signe d'ouverture énorme non ? »

On se quitte sur le trottoir. « Surtout n'oubliez pas de me faire signe quand vous revenez à Marseille, il faut qu'on déjeune ensemble, on peut même aller dîner, cela me ferait plaisir. Allez, on se fait la bise… » Comment refuser d'embrasser Ken ?

Retour à la gare Saint-Charles, pour récupérer notre ordinateur portable laissé à la consigne. Plus tard, l'une de nos sources nous apprendra que, pendant ce sympathique échange avec « Ken », il a été « siphonné ». Heureusement, depuis le début de cette enquête, nous travaillons avec des disques durs externes qui ne nous quittent jamais. Le siphon a ramené du vide.

Parler de la boutique à un journaliste sans l'autorisation du chef, c'est s'exposer à sept ans de prison pour violation du « secret défense ». Et, à la DCRI, tout est « secret défense », de l'organigramme jusqu'au bâtiment. En dévoiler tout ou partie – dans ce livre, par exemple –, c'est prendre le risque d'être traduit devant les tribunaux après 96 heures de garde-à-vue. Bernard Squarcini a tiré les leçons de la porosité des Renseignements généraux, son ancien port d'attache. En verrouillant ainsi sa maison, il sait que le risque de voir un document interne porté à la connaissance du public est devenu quasi nul. D'autant que la moindre note estampillée S-D est traçable : on sait qui l'a eue entre les mains et quand. Même en cas de fuite, le journaliste ne pourra pas brandir la preuve de ce qu'il avance. Il n'y aura pas à la DCRI un *bis repetita* de « l'affaire Rebelle »[1].

« Initialement, le secret défense était censé empêcher l'infiltration par le KGB, aujourd'hui, il permet surtout d'opacifier la boutique en mettant des vitres fumées partout[2]. »

Bruno, qui se confie à nous, est partagé entre la peur et l'envie de parler. Nous avons pourtant pris le maximum des précautions. Nous sommes descendus une gare avant celle indiquée sur notre billet − il nous attendait sur le quai, vêtu d'une parka bleu marine et d'une casquette noire −, et, pour qu'il ne reste aucune trace de la rencontre, nous avons laissé nos téléphones à Paris. C'est un ami commun qui a convaincu Bruno de nous parler, mais l'ambiance familiale du bistrot qu'il a choisi ne suffit pas à le détendre,

« Compromettre le secret défense, c'est compromettre la boîte. La "compromission", c'est le nouveau mot à la mode depuis l'arrivée de Squarcini. Parler à un journaliste, c'est se compromettre. Récemment, la consigne de silence a été répétée. Le bruit court que l'on va faire un exemple. Comme si avant la campagne électorale et les coups tordus, il fallait être sûr que personne ne parle. »

Comme tous les membres de la Direction centrale

---

1. Voir note p. 96.
2. Entretien avec les auteurs le 2 juillet 2011.

du renseignement intérieur, Bruno est habilité « secret défense ». Et tous les cinq ans, son habilitation repasse à la moulinette. « L'habilitation, c'est comme la licence de vol pour un pilote de ligne. Si on vous la supprime vous êtes au tapis. »

La police interne de la DCRI, chargée de traquer les bavards, c'est le département « P ». Pour imposer la loi du silence, elle peut « brancher » n'importe qui à Levallois, d'autant que ce sont les mêmes qui s'occupent des demandes d'écoutes administratives pour toute la maison. Et le couperet tombe : « En 24 heures, vous êtes banni. Vous arrivez le matin, votre badge est démagnétisé, vous n'avez même plus le droit d'entrer, on vous descend vos affaires. Votre bureau, vous n'y remettrez plus jamais les pieds. Le "banni" n'est plus de la DCRI, il est "mis à disposition" de la Police nationale. Ce n'est pas une sanction administrative qui passerait par un conseil de discipline, c'est une décision discrétionnaire qui relève d'éléments que "personne n'a à connaître" comme ils disent. On est dans l'arbitraire. »

En 2011, « P » a déshabilité trois officiers qui avaient des contacts avec des journalistes. Le maccarthysme est de retour. À Levallois. Cette fois, il ne s'agit pas de chasser le rouge mais la carte de presse.

Un climat paranoïaque dont le chef de cabinet de Squarcini a fait les frais.

Novembre 2010 : le nom de « Mélisande C. » surgit, à tort, dans un article qui la désigne comme étant à la tête d'une cellule chargée d'enquêter sur les journalistes. Aussitôt, les rumeurs les plus folles courent, à Levallois, sur cette jeune commissaire reconvertie dans le renseignement après un passage à la Police de l'air et des frontières. Elle serait le bras armé d'un complot anti-Squarcini, ourdi par l'un des sous-directeurs. Mélisande aurait laissé filtrer des informations gênantes pour la DCRI tout en faisant en sorte, pour se disculper, d'apparaître dans l'article sous ses initiales. Un scénario particulièrement tordu, comme les aiment les espions...

Ce soir, nous retrouvons Philippe à l'endroit convenu lors de notre précédente rencontre. Cela faisait six mois qu'il avait coupé tout contact avec nous. Le dernier message laissé dans une boîte aux lettres mortes indiquait : « En ce moment c'est un peu compliqué pour se voir, je vous recontacte. »

Et cet officier de Levallois, ancien DST, de nous raconter[1] : « Il y a eu une grosse crise dans la boîte car deux types se sont fait déshabiliter. Les consignes de sécurité sont de plus en plus draconiennes. Leur peur, ce n'est pas tant qu'on aille au contact sans précaution avec des espions chinois ou des Russes et qu'on crame le service, mais qu'on parle à des journalistes ! Pour Squarcini, le journaliste est plus que jamais l'ennemi de l'Élysée, donc sa bête noire à lui aussi. » Avant de confier : « Quand tu bosses dans cette boîte, tu deviens parano. Je me méfie de tout le monde et je fais attention à ce que je dis. D'ailleurs, en interne, je parle pas trop, je fais limite l'idiot. »

---

1. Entretien avec les auteurs le 11 août 2011.

11

Monsieur Alexandre[1]

« C'est Raufer qui lui a écrit son bouquin. Et c'est Anne Méaux qui est à la manœuvre. Elle cherche à régler des comptes avec Proglio. Elle a filé 300 000 euros à Péan. Mais il n'a rien pu écrire. Il n'a pas de preuve[2]. »

Le 12 septembre 2011, Bernard Squarcini déjeune à la Villa corse, son restaurant parisien habituel. Au menu : le livre de Pierre Péan qui sort en librairie deux jours plus tard. L'écrivain-journaliste a enquêté sur le sulfureux homme d'affaires

---

1. Via son avocat, nous avons cherché à rencontrer Alexandre Djouhri vers la fin de notre enquête. Après une première réponse destinée à nous faire patienter, son avocat nous a fait savoir le 3 janvier 2012 que notre démarche était un « simulacre » car il venait d'apprendre que notre livre serait « déjà imprimé » et devait « être prochainement publié ». Pour ce mauvais et curieux prétexte, aucune rencontre n'a pu avoir lieu. Mais nous rappelons que systématiquement Alexandre Djouhri nie tout ce qu'il estime nuire à son image, jusqu'à son rôle d'intermédiaire dans certains contrats...
2. Entretien avec les auteurs le 12 septembre 2011.

Alexandre Djouhri[1]. Depuis plusieurs mois, son travail est suivi avec attention par le directeur du renseignement intérieur. Et pour cause, l'intermédiaire des grands contrats français à l'export est un de ses amis, et aussi un proche du tout-puissant Claude Guéant, l'ancien secrétaire général de l'Élysée devenu ministre de l'Intérieur, ou encore du PDG d'EDF, Henri Proglio.

« C'est vrai que je l'aime bien, Djouhri. Péan me cherche avec lui, mais je m'en bats les couilles. Je ne l'ai pas vu, parce que je n'avais rien à lui dire », martèle Squarcini.

Depuis cinq mois, des conseillers de l'Élysée racontent, sous le sceau de la confidence, la même fable aux journalistes : Anne Méaux, la grande papesse de la communication qui conseille le CAC 40, aurait financé l'enquête de Péan. La patronne d'Image 7 se serait ainsi vengée de Proglio qui l'a évincée lorsqu'il a pris le contrôle de Veolia avec l'aide de Djouhri. Quant au scribe qui rédige les notes dans l'ombre, ce serait un autre débarqué de Veolia, le criminologue Xavier Raufer, qui grenouille entre le monde du renseignement et celui des affaires.

Au bar de l'hôtel du Louvre, à Paris, le 5 septembre 2011, Pierre Péan est arrivé au guidon de son terrible engin une Honda Golwin 1800, ce qui se fait de plus gros sur le marché.

« Vous êtes au Perrier ? »

Lui hésite entre le champagne et la Suze. À 76 ans,

---

1. *La République des mallettes*, *op.cit.*

il a toujours la dégaine du baroudeur, et le sourire de celui qui vient de faire un best-seller :

« Je n'ai jamais eu autant de difficultés avec un bouquin. La plupart des gens voulaient me voir *off*, j'ai failli renoncer. Il y a beaucoup moins de choses que j'aurais voulues sur Squarcini. »

Et cette histoire de 300 000 euros ?

« Pour *Les Affaires africaines*, un de mes livres, ils étaient venus me voir avec 3 millions de francs, 300 000 euros aujourd'hui c'est petit joueur. Croyez-moi : il n'y a eu aucun arrangement[1]. »

Squarcini lirait-il dans les boules de cristal ? Dès septembre 2010, un de ses hommes a contacté une collaboratrice des éditions Fayard. Le policier voulait connaître la date de parution et récupérer un jeu d'épreuves d'une enquête qui, précisait-il, avait pour titre « Guerres secrètes entre amis » et traiterait d'Alexandre Djouhri. Sauf que « Guerres secrètes entre amis » était le nom provisoire d'un livre de géopolitique africaine que le journaliste s'apprêtait à sortir. Concernant Djouhri, Péan avait bien commencé à défricher le sujet, mais sans savoir encore s'il allait en faire quelque chose. La DCRI s'était emmêlée les pinceaux… à moins qu'elle ne prêche le faux pour connaître le vrai.

Si le patron du renseignement intérieur est si fébrile sur le sujet, c'est parce qu'Alexandre Djouhri est au cœur de bien des secrets. L'homme d'affaires a été notamment mêlé aux dessous d'un épisode décisif dans son ascension en Sarkozie.

---

1. Entretien avec les auteurs le 5 septembre 2011.

Juillet 2004 : éclate l'affaire des faux listings Clearstream. Le nom du futur chef de l'État figure parmi les personnalités censées posséder des comptes secrets au Luxembourg, alimentés par des commissions occultes. Dans le rôle de l'informaticien truqueur : Imad Lahoud. Une machination que Squarcini, alors numéro 2 des RG, s'emploie à désamorcer.

Non seulement, le Squale identifie les artificiers, mais il les observe en train de bricoler leur engin infernal. Il dispose d'un agent double dans la place : Imad Lahoud. Une recrue du commandant François Casanova, « mon meilleur chien de chasse », dit-il de celui qui l'a mis sur la piste d'Yvan Colonna. Ce policier des RG, aujourd'hui décédé des suites d'un cancer, est l'officier traitant de Lahoud qu'il a « tamponné », comme disent les flics du renseignement, en octobre 2002, après un séjour en prison pour une affaire d'escroquerie. Lahoud relate ainsi leur rencontre : « À ma sortie de prison, j'ai été victime d'une tentative de racket par un voyou corse qui me réclamait 3 millions de francs. J'ai été présenté à Casanova, qui, grâce à son réseau corse, a arrangé mes affaires[1]. »

Casanova permet ainsi à Squarcini de remonter quasiment en temps réel de précieuses informations à Sarkozy

Or, à cette époque-là, Alexandre Djouhri, lui, joue dans le camp d'en face. Au milieu des années 1990, il est entré dans l'orbite de Dominique de Villepin. La

---

1. *Le Point*, 27 novembre 2008.

proximité du pouvoir a porté chance à ses affaires, et il est vite devenu un personnage incontournable sur les marchés africains ou moyen-orientaux.

Ce que n'a pas su découvrir Villepin, c'est que, avant de devenir « Monsieur Alexandre », le richissime businessman a lui aussi été l'indic de François Casanova. Dans les années 1980, celui qui se prénommait encore Ahmed n'était qu'un petit voyou de Sarcelles en train de se faire un carnet d'adresses dans le monde de la nuit. Plus tard, il a été lui aussi « tamponné » par Casanova. Le jeune Beur reconverti dans les affaires avec Anthony Delon, le fils de l'acteur, a pu ensuite se faire remarquer à l'occasion d'un litige commercial qui a dégénéré en règlement de comptes : son casier judiciaire est resté immaculé. À l'époque, les indics sont quasiment systématiquement décrochés des procédures avant qu'elles n'atterrissent sur le bureau des juges.

Lorsqu'il a quitté la PJ, Casanova n'a pas manqué de présenter son informateur à Squarcini. Les deux hommes se sont liés d'amitié, et on les voyait déjeuner ensemble à Paris, au Plazza Athénée ou au Bristol. En octobre 1996, Djouhri aurait même sauvé la tête de Squarcini réclamée par le Premier ministre Juppé. Une bombinette déposée par des indépendantistes corses avait explosé devant la mairie de Bordeaux. Le Squale, alors numéro 2 des RG et chargé du dossier corse, a été accusé de ne pas avoir vu venir le coup. Djouhri a plaidé la cause de son ami auprès de l'entourage de Dominique de Villepin, alors secrétaire général de l'Élysée. Ce qui a incité Juppé à se méfier encore plus des RG, au point, suprême humiliation pour Squarcini, d'envoyer la DGSE en Corse travailler sur les « natios ».

De là à imaginer l'invraisemblable ? Un pacte secret noué entre Squarcini et Djouhri... Chacun œuvrant pour un camp opposé dans la guerre fratricide que se livrent Sarkozy et Villepin, et les deux promettant d'aider celui qui aurait choisi le mauvais cheval ?

Invraisemblable, vraiment ? Comme ce certificat de moralité décerné à Alexandre Djouhri par Bernard Squarcini, le 19 décembre 2005 ? Le futur patron de la DCRI, alors préfet délégué à la sécurité à Marseille, précise que le casier judiciaire de Djouhri est vide, en soulignant qu'il est même « inconnu au service de traitement des infractions constatées » − comprenez le fameux STIC, ce fichier de police à la mémoire d'éléphant qui recense, pêle-mêle, mis en cause, victimes et témoins. Étrange, puisque, en avril 1986, Djouhri, blessé par balles dans un guet-apens, a été entendu comme victime par la Brigade criminelle. Le STIC aurait-il été nettoyé ?

Coup d'éponge final, Squarcini ajoute dans sa note que « rien de défavorable n'a pu être démontré concernant l'intéressé, et aucun élément lié au terrorisme, grand banditisme ou blanchiment n'a pu être mis en exergue ». Le préfet n'aurait-il pas eu le temps de lire la note du SRPJ de Versailles datée du 26 avril 1990, qui présente Djouhri comme « une figure montante du Milieu parisien » ? N'aurait-il pas vu le dossier « Djouhri » des RG ? Joël Bouchité affirme pourtant l'avoir, lui, consulté lorsqu'il était à la direction des Renseignements généraux.

« C'était un gros dossier. J'avais émis des doutes sur le personnage, il était connu des services de police, mais effectivement il n'y avait aucune condamnation ni poursuite engagée contre lui. Après, tout est dans la façon de présenter les choses... Bernard est fort dans ce genre d'exercice. Le dossier de Djouhri aux RG a comme par hasard disparu[1]. »

En entrant dans le café, Mathieu a vérifié si nos portables étaient bien éteints. Un rituel auquel nous sommes maintenant habitués avec nos interlocuteurs de la DCRI. Cet ancien des RG nous raconte une version différente de celle de Bouchité :

« Djouhri a fait l'objet de demandes croisées de la part de Guéant aux RG et à la ST, sans que les uns sachent que les autres travaillaient dessus. Djouhri était alors une cible pour Sarkozy. »

Le cabinet de Bouchité aurait servi de courroie de transmission. Ils sont plusieurs, rue des Saussaies, à évoquer des commandes passées sur l'homme d'affaires franco-algérien. Certains vont même plus loin : « On a su par la suite que tout ce qui était sensible était supprimé ou édulcoré. Des phrases telles que "monsieur untel est susceptible d'être rattrapé par son passé commercial" ont été remplacées par "monsieur untel est susceptible d'être victime de rumeurs de malversations". En 2007, Djouhri est devenu intouchable[2]. »

Dans ce cas, comment, en arrivant à la DST, le Squale aurait-il pu ne pas avoir connaissance des

---

1. Entretien avec les auteurs le 21 juillet 2011.
2. Entretien avec les auteurs le 8 mars 2011.

notes internes sur l'homme d'affaires à la mystérieuse fortune ?

De mémoire de policier, c'est la première fois qu'un préfet de la République se fend d'une attestation de bonne conduite, sur papier à en-tête, pour un personnage controversé.

Quoi qu'il en soit, le certificat tombe à pic. Puisque ce même mois de décembre 2005, Monsieur Alexandre est mis en examen pour violences : un an plus tôt, il s'est empoigné avec un concurrent dans une suite du George-V. Cette petite tache sur son curriculum vitae est ainsi oubliée.

Si Bernard Squarcini a blanchi son ami, c'est pour pouvoir le présenter, quatre mois plus tard, à Nicolas Sarkozy. Le dîner de réconciliation a lieu, en avril 2006, dans les salons de l'hôtel Bristol, à deux pas de l'Élysée comme de la place Beauvau. Y assiste Claude Guéant, alors directeur de cabinet du ministre de l'Intérieur. Squarcini fait le maximum pour détendre l'atmosphère. Sarkozy aurait confié plus tard à ses ministres à propos de Djouhri : « S'il n'était pas venu à Canossa, il aurait reçu une balle entre les deux yeux. »

Deux mois plus tard, le patron de la DST, le villepiniste Pierre Bousquet de Florian écope d'une plainte pour « faux et usage de faux ». Le papier bleu émane d'Hervé Séveno, patron d'une boîte d'intelligence économique, I2F, qui s'est fait épingler deux ans plus tôt par la DST dans une note concernant l'affaire Clearstream.

Le 25 mai 2011, nous sommes dans le salon-bureau d'Hervé Séveno, avec vue sur le clocher de l'église de la Trinité. Il est arrivé avec une bonne demi-heure de retard : « Les embouteillages. » Une habitude plutôt. Soudain, au cours de la conversation, son téléphone sonne, il bondit du canapé cuir dans lequel il est installé, va s'asseoir à sa table de travail, pianote sur son ordinateur et opine du chef. Au bout de cinq minutes, nous l'entendons dire : « Je m'en occupe, ne t'inquiète pas. Tu sais que tu peux compter sur moi. » À son retour, il annonce, sans qu'on lui ait rien demandé : « C'était Alexandre. » Comprendre : Djouhri. Son « ami », dont il prétend désormais s'occuper des « relations publiques »[1]. Séveno est le factotum de l'homme d'affaires, mais également un proche de Squarcini.

Dans le microcosme du renseignement, la plainte du directeur d'I2F contre Bousquet de Florian est aussitôt interprétée comme le signe qu'Alexandre Djouhri a changé de camp, qu'il a rallié les sarkozystes.

Grâce au Squale, Alexandre, l'ami de celui que Sarkozy voulait pendre à un « croc de boucher », est adopté par la « Firme ». Sans être pour autant excommunié par Villepin. N'a-t-on pas aperçu, le 9 septembre 2011, Alexandre et Dominique déjeuner ensemble au George-V. Au menu : le livre de Péan qui va bientôt sortir et le jugement en appel de l'ex-Premier ministre dans l'affaire Clearstream[2].

Dans l'attestation que Bernard Squarcini rédige en 2005 pour Alexandre Djouhri, transpire un autre secret. Le préfet à la Sécurité de Marseille a pris la

---

1. Entretien avec les auteurs le 25 mai 2011.
2. La Lettre A, 16 septembre 2011.

peine de préciser que Djouhri n'a aucun lien avec Jean-Baptiste Andréani. Avec le nom de cet ancien policier corse de la Préfecture de police reconverti dans une société de gardiennage, il braque involontairement le projecteur sur le rôle des réseaux Elf et Pasqua dans son ascension et celle de Djouhri.

Andréani était en effet l'homme de main de Gérard Tarallo, le numéro 1 bis de la compagnie pétrolière condamné par la justice dans un dossier de détournement de fonds de 300 millions d'euros entre 1989 et 1993. Or c'est dans le sillage de Tarallo, le « Monsieur Afrique » d'Elf, que Djouhri a fait ses premiers pas au début des années 1990 sur les marchés pétroliers.

Quant au fil qui a mené Djouhri vers Pasqua, c'est Fara M'Bow, le fils du directeur de l'Unesco à Paris. D'après Pierre Péan[1], cet oiseau de nuit au carnet d'adresses fourni lui a fait rencontrer François Antona, un flic corse qui, après un crochet par Elf, sera conseiller de Pasqua à l'Intérieur.

En 1986, quand Pasqua est arrivé place Beauvau pour la première fois, Squarcini était aux RG à Ajaccio : c'est là que Bernard a rencontré François Antona ou encore Daniel Léandri − un autre protagoniste de l'affaire Elf... −, tous deux proches du ministre de l'Intérieur, des relations qui seront précieuses pour la suite de sa carrière. À la même époque, le Squale a croisé le chemin d'un autre proche de Charles Pasqua, André Guelfi, dit « Dédé la Sardine », l'intermédiaire d'Elf.

---

1. *La République des mallettes*, *op. cit.*.

Au retour de Pasqua au ministère de l'Intérieur en 1993, Squarcini a été propulsé sous-directeur de la recherche ; un an plus tard, il était numéro 2 des RG.

Elf plus les Corses égalent Gabon. Le quatrième producteur de pétrole en Afrique est un Eldorado pour les Corses de la « France-Afrique ». C'est aussi un pays qu'affectionnent Alexandre et Bernard.

Le premier, qui a connu à Paris, dans les années 1980, Ali Bongo avant que celui-ci ne succède à son père à la tête du pays, y a fait moult affaires avec encore le « Monsieur Afrique », Gérard Tarallo. À Libreville, impossible d'échapper aux Corses des réseaux Pasqua, surtout au plus puissant d'entre eux, Michel Tomi. Ce roi des jeux est lié, selon les spécialistes du grand banditisme, à l'un des plus redoutables gangs corses, « La brise de mer ». Une enquête sur le Wagram, un cercle de jeux renommé de la capitale[1], a montré que Tomi héberge gracieusement, dans un somptueux appartement parisien, la veuve de l'un des piliers de la Brise. Sa fille a été condamnée pour avoir financé la campagne européenne de Pasqua. Pas étonnant que celui-ci, lorsqu'il est revenu place Beauvau, soit intervenu pour freiner les investigations sur Michel Tomi, comme le raconte Jacques Fournet, alors patron de la DST :

« Je me souviens, il était recherché pour une histoire de casinos. Un jour, je vais porter le dossier à Pasqua : "Monsieur le ministre, on a localisé Tomi.

---

1. Voir « Rien ne va plus », p. 227.

Il est en Afrique. Pas de réponse. Je répète. Pas de réponse. Je suis sorti. Après on se console en se disant que ce n'est peut-être pas le boulot de la DST d'arrêter Tomi mais celui d'un service de police[1]... »

De son côté, le Squale se rend régulièrement au Gabon. Dans ce pays souvent présenté comme finançant le monde politique français, il a fait venir à la DCRI, comme on l'a vu, Paul-Antoine Tomi, le jeune frère de Michel[2]. Squarcini a placé ce commissaire d'une quarantaine d'années à la tête de l'une des divisions en charge des « opérations spéciales ».

« Les ennemis de mes amis sont mes ennemis », tel est l'adage de Squarcini. Il a naturellement fait de « Monsieur T », le concurrent en affaires de « Monsieur Alexandre », un épouvantail pour le Château.

Ce « Monsieur T », Ziad Takieddine, a longtemps été le pendant de Djouhri chez les balladuriens, puis les sarkozystes, ce qui lui a valu d'apparaître dans l'affaire Karachi[3]. En 2004, il est victime d'un mystérieux accident de la route à l'île Moustique et il reste quinze jours dans le coma. Takieddine prétend aujourd'hui qu'on a cherché à attenter à sa vie[4]. Il évoque un document des services secrets que lui aurait montré Claude Guéant lorsqu'il était directeur de cabinet de Sarkozy place Beauvau, et dans lequel figuraient les noms de deux personnes envoyées en

---

1. Entretien avec les auteurs le 16 septembre 2011.
2. Voir « La sous-division P », p. 166.
3. Voir « L'intendant du Château », p. 554.
4. *Le Point*, 17 novembre 2011.

mission à l'île Moustique, et qui auraient tué un Français par erreur la veille de son accident...

L'homme d'affaires libanais est de même convaincu que Squarcini n'est pas étranger à son interpellation par les douaniers à l'aéroport du Bourget, le 5 mars 2011. « Monsieur T » ramenait alors de Tripoli dans son jet privé 1,5 million d'euros et deux journalistes qui venaient de réaliser l'interview de Khadafi. Or, ce jour-là, affirme-t-il, pas loin de la voiture des douaniers, se trouvait un véhicule de la DCRI[1]...

Au Bourget, « l'aéroport des mallettes », baptisé ainsi en raison des intermédiaires qui en partent et reviennent telles des abeilles, la DCRI a affecté quatre agents en permanence. Mais, comme on nous l'a raconté au cours de notre enquête, il peut arriver que des policiers reçoivent l'ordre de fermer les yeux sur certains habitués de la ruche et sur le contenu de leurs valises...

Les « persécutions » de Djouhri contre Takieddine ont eu un effet boomerang inattendu. La plus grosse entreprise française, Total, qui avait misé sur Takieddine, est aujourd'hui brouillée avec le directeur du renseignement intérieur.

Dans le monde des affaires, le Squale n'est pas en meilleurs termes avec Anne Lauvergeon. L'ancienne patronne d'Areva, géant français du nucléaire civil, soupçonne en effet Djouhri d'avoir manœuvré pour la faire débarquer[2].

---

1. Entretien avec les auteurs le 6 août 2011.
2. Le 21 décembre 2011, le parquet de Paris a ouvert une enquête préliminaire à l'issue de la plainte déposée par Anne Lauvergeon pour écoutes illégales par des officines privées.

Lors de son détour par la DST, Bernard Squarcini a scellé le sort d'un autre ennemi de Djouhri, le commissaire Jean-François Gayraud. Celui-là même que le Squale soupçonne d'avoir participé au complot Clearstream. Depuis, l'ancien policier de la DST a trouvé refuge à l'Institut national des hautes études de sécurité piloté par l'omnipotent Alain Bauer, ancien grand maître du Grand Orient, patron d'une boîte de conseil en sécurité... et ennemi de Djouhri.

La vindicte de Bauer remonte à sa mise à l'écart, dix ans plus tôt, par Henri Proglio, alors patron de Vivendi Environnement. À l'époque, Monsieur Alexandre vient de sauver la tête de Proglio qui prendra par la suite les commandes de Veolia, numéro 1 mondial du traitement de l'eau, puis d'EDF ; il est tellement omniprésent dans l'ombre du PDG qu'une rumeur court dans tout Paris : c'est lui, Djouhri, qui a « fait » Proglio. À en croire l'entourage de Djouhri, c'est sous l'aile de Bauer que Jean-François Gayraud aurait nourri en informations Pierre Péan, aidé en cela par le criminologue Xavier Raufer.

Avant de quitter Veolia pour EDF, Proglio a commandé à l'une des meilleures boîtes françaises d'intelligence économique, une enquête interne sur un dossier sensible dans lequel apparaît le nom de Xavier Raufer...

Bernard Squarcini a-t-il eu vent par son service « K », censé surveiller les boîtes d'intelligence économique, du travail demandé par Veolia et des éléments récoltés à cette occasion sur le criminologue bête noire de son ami Djouhri ? D'autant que le Squale est aussi l'ami d'Henri Proglio. Les deux hommes ont en commun leur compagnonnage avec Djouhri et le goût du secret. Proglio n'a-t-il pas fait son service militaire au 2ᵉ bureau, l'ancien service de renseignement de la Grande Muette ?.

Le livre de Péan sur Djouhri aura fait une autre victime collatérale : Frédéric Péchenard. Claude Guéant soupçonne en effet le directeur général de la Police d'avoir aidé le journaliste à mitrailler son nouvel ami Alexandre Djouhri. Méfiance renforcée par le fait que, grâce à Péchenard, Gayraud est désormais à l'abri du Squale. Depuis qu'il a rencontré « Alex » par l'entremise de Squarcini, Guéant est sous le charme. Ils ne se quittent plus, on a pu les voir dans des restaurants étoilés partageant du château-latour à 4 000 euros la bouteille. Les liens sont devenus quasi familiaux puisque Germain Djouhri, le fils d'Alexandre, s'est rapproché en affaires de Jean-Charles Charki, le gendre de Guéant. Lien d'ailleurs intéressant puisque Djouhri Junior, trentenaire au physique de play-boy, a fait un mariage heureux avec la fille d'un proche de Vladimir Poutine, Sergueï Chemezov, ex-membre du KGB, l'homme fort du complexe militaro-industriel russe. Lequel a fait un intense lobbying pour que la Russie achète à la France quatre porte-hélicoptères Mistral pour 1,5 milliard d'euros, ce qui lui a valu, le 9 mars 2010, de se voir remettre la Légion d'honneur à l'Élysée.

Nul doute qu'avant la remise de la rosette à Chemezov par Nicolas Sarkozy, Bernard Squarcini a demandé à ses services de « checker » le profil du récipiendaire afin de s'assurer qu'il ne traînait pas de trop lourdes casseroles. Tout comme le patron du renseignement intérieur a dû enquêter sur les raisons du rachat de *France Soir* par le fils de l'oligarque russe Serguei Pougatchev. C'est d'ailleurs ce dernier qui avait initié le contrat des porte-hélicoptères Mistral, un an après l'élection de Nicolas Sarkozy, avant que Serguei Chemezov ne prenne sa place.

À l'époque, personne n'a compris pourquoi un oligarque dépensait plus de 70 millions d'euros afin de sauver un quotidien français moribond, qu'il a d'ailleurs réduit à une version Web trois ans plus tard. Une rumeur invérifiable a, un temps, agité la communauté du renseignement, celle d'une contrepartie, le propriétaire mettant le journal au service du locataire de l'Élysée.

Mais à la DCRI, il serait de mauvais goût de travailler sur les Russes. Pour couvrir l'ex-URSS, la division « H4 » n'aligne d'ailleurs qu'une trentaine de contre-espions. « C'est trop peu. Avec Poutine, l'ex-KGB a repris de la vigueur. Ils communiquent sur la vieille fréquence VHF. On a même dû se remettre au morse ! Et puis il y a tous ces anciens espions reconvertis dans les affaires. La nouvelle génération de ripoux russes va nous poser problème. On ne les connaît pas alors qu'ils brassent des tonnes de fric et s'intéressent à la France », s'inquiète un officier de la DCRI[1]. Faute de moyens, c'est le système D. Se retrouvent ainsi, dans des notes estampillées secret défense, des informations régulièrement extraites de blogs spécialisés qui traduisent des sites russes en anglais.

---

1. Entretien avec les auteurs le 23 mars 2011.

Est-ce le manque de moyens ou le manque d'entrain, la DCRI n'a par exemple pas cru bon de s'intéresser au projet Hermitage qui alimente les fantasmes. Ces deux tours jumelles de 316 mètres de haut doivent en effet être érigées d'ici 2016 au cœur du quartier d'affaires de La Défense par la filiale du plus grand groupe de BTP en Russie. Un chantier à 2 milliards d'euros dans l'escarcelle de l'Epadesa, ex-Epad, l'établissement public d'aménagement à la tête duquel Nicolas Sarkozy avait tenté de placer son fils Jean. Vladimir Poutine a promis de venir en personne poser la première pierre.

Que Squarcini se rassure : aux dernières nouvelles, l'ami Djouhri, devenu encombrant depuis que son nom est apparu au grand jour dans les coulisses des gros contrats, n'est pas dans le projet.

12

Tous les coups sont permis

Psychodrame au 36, quai des Orfèvres. Le patron de la police judiciaire parisienne, Christian Flaesch, vient d'apprendre qu'on lui a fait ses fadettes. Comprenez que quelqu'un a épluché la liste de tous les appels passés et reçus sur son téléphone portable. Flaesch a identifié le malotru. Ils sont voisins. Selon deux hauts fonctionnaires de police, l'ordre aurait été transmis par le directeur de cabinet du Préfet de police de Paris, Christian Lambert, qui dément[1]. Dans les hautes sphères de la maison Poulaga, l'anecdote, qui date de mars 2010, se raconte sous le manteau, d'autant que Lambert a aussi épluché les communications de deux autres grands flics. Après son fait d'armes, le directeur de cabinet est évacué en Seine-Saint-Denis, comme préfet du 9-3.

Christian Lambert aurait-il gardé cette manie

---

1. Entretien avec les auteurs le 9 décembre 2011.

d'espionner les collègues de son passage aux Renseignements généraux, où il a fait ses premières armes de commissaire ? Ou bien « le Panda », comme le surnomme Nicolas Sarkozy en raison de sa carrure et de ses poches sous les yeux, ne peut-il s'empêcher de chercher du grain à moudre au sujet de tous ceux qui pourraient freiner ou nuire à sa carrière ? Bernard Squarcini, le patron de la Direction centrale du renseignement intérieur, est ainsi convaincu que le Panda a utilisé un « soum », un « sous-marin » d'un genre particulier, une camionnette de surveillance banalisée, pour le prendre en photo devant un cercle de jeux parisien où il avait ses habitudes. Lambert aurait voulu immortaliser la rencontre du Corse avec quelques mauvaises fréquentations[1].

Entre le Squale et le Panda, ça n'a jamais collé. Squarcini a toujours été jaloux du « Superman » de Sarko. C'est le 13 mai 1993 que Christian Lambert a noué avec Nicolas Sarkozy, alors maire de Neuilly-sur-Seine, un lien indéfectible. Ce jour-là, le numéro 2 du RAID libère dans une école maternelle vingt et un élèves et leur institutrice retenus en otages par un forcené, ceint d'explosifs, qui se fait appeler « Human Bomb ». Un exploit qui a marqué le début d'une ascension fulgurante pour celui qui a commencé sa carrière comme gardien de la paix. Aux yeux cernés de Lambert, mousquetaire de la première heure, Squarcini est la pièce rapportée, débarqué dans la « famille » neuf ans après le baptême du feu de la

---

1. Voir « Rien ne va plus », p. 227.

maternelle de Neuilly. Nicolas Sarkozy déboule alors pour la première fois place Beauvau.

Lambert et Squarcini ont un temps convoité le même fauteuil prestigieux. Celui de directeur général de la police, qu'occupe depuis 2007 Frédéric Péchenard, un autre porte-flingue de Sarkozy. « Fred » – comme dit Sarkozy –, c'est l'ami d'enfance de « Nicolas » – comme dit Péchenard. Le duo a scellé ses retrouvailles devant la maternelle de Neuilly où celui qui était alors numéro 2 de l'antigang avait été dépêché pendant la prise d'otages. Péchenard, Lambert et Squarcini sont les trois seuls flics à pouvoir appeler directement le Président.

Lambert, c'est aussi le bras armé d'un puissant ennemi de Squarcini : Michel Gaudin, le Préfet de police de Paris.

Mars 2008, réunion au sommet à Levallois-Perret, dans l'immeuble de la future DCRI. Autour de la table, une dizaine de personnes dont Squarcini, Péchenard et Lambert missionné par Gaudin. Au menu, une question d'apparence anodine : qui fait quoi ? La scène nous est racontée par trois grands flics.

Dès qu'il est question de Paris, le ton monte. Le Préfet de police refuse d'abandonner le renseignement intérieur propre à la capitale, au grand dam de Squarcini. Et pour cause, Paris est un gisement d'informations sensibles qui peuvent intéresser l'Élysée. Excédé, le Corse finit par lâcher : « Le Préfet de police est un préfet comme les autres, le responsable du renseignement intérieur sur Paris, c'est moi. »

Une petite phrase que Lambert s'empresse d'aller

rapporter à Gaudin qui se souviendra de l'affront. Il ira jusqu'à mettre sa démission dans la balance, arguant qu'il lui faut un bon service de renseignement sur Paris pour protéger le siège de l'exécutif. Sarkozy finit par lui donner raison et lui laisser les coudées franches pour fabriquer une DCRI bis. La nouvelle Direction du renseignement de la Préfecture de Police, la DRPP, va pouvoir vivre sa vie loin de Squarcini. Sous couvert du « Grand Paris », la créature de Gaudin étend même son territoire sur les trois départements de la petite couronne : Hauts-de-Seine, Seine-Saint-Denis et Val-de-Marne. Les trois antennes départementales de la DCRI se retrouvent ainsi en zone hostile, avec face à elles des troupes deux fois et demie plus grosses.

Trop gourmand, Bernard Squarcini s'est fait souffler le plat. Le seul endroit où les RG ont survécu à la fusion avec la DCRI, et sont même devenus plus puissants qu'avant, c'est Paris.

Pourtant, dès qu'il l'a pu, le Squale a dépêché un de ses hommes dans la forteresse. En mai 2009, son numéro 3, René Bailly, a investi la place comme patron du renseignement.

Sa mission : baisser le pont-levis. Las, le chevalier Bailly a pris goût à gouverner son fief. Il faut dire qu'il était de retour dans sa terre natale, la Préfecture de police de Paris, où il avait conduit l'essentiel de sa carrière chez les RG. Devenu « le Roi René », il tient tête à Squarcini qui, quand on l'interroge sur son ancien vassal, cogne désormais à bras raccourcis avec une totale démesure :

« Je sais quand il ment, celui-là. Je vois son nez qui s'allonge. Et ça lui arrive souvent ces temps-ci. Bien sûr, c'est moi qui l'ai envoyé à la PP, mais il veut tout bouffer. Il a les yeux plus gros que le ventre. Avec son format de grenouille, il va finir par éclater, et ce n'est pas moi qui vais pleurer ». Et d'ajouter, comme un coup de grâce : « René, c'est moi qui l'ai fait »[1].

À Levallois, tout le monde ne pense pas comme le chef. « Bailly, on nous l'a présenté comme un branque, décrié partout, en fait, il tient la route. Il est resté un an et demi chez nous, il a eu le temps de s'imprégner de la culture, il a importé à la DRPP les bonnes idées, commente un officier de la Direction centrale du renseignement intérieur en poste en région parisienne. Contrairement à Squarcini, c'est un vrai homme de terrain. Il a tout de suite compris qu'il ne fallait pas liquider le renseignement ouvert et il a tué la DCRI en petite couronne. Dans les trois départements, on est morts. D'ailleurs, je ne sais même pas pourquoi on nous a fait exister[2] ! »

Le Roi René n'a jamais été aussi puissant, et là où il règne, les troupes de Bernard sont aveugles. Ce qui n'a pas empêché Squarcini de mettre la main au collet d'un des hommes de Bailly. Comme dans les films d'espionnage, le policier de la DRPP, plutôt bon flic jusque-là, s'était laissé séduire par une espionne chinoise, à laquelle il envoyait des informations sur le fax de l'ambassade de Chine à Paris...

Pour retrouver la vue sur Paris et la petite couronne,

---

1. Entretien avec les auteurs le 31 mai 2011.
2. Entretien avec les auteurs le 3 février 2011.

devenus le royaume de René Bailly, Squarcini a donc installé à ses côtés, au début de l'année 2011, un coordinateur du renseignement en Île-de-France. Sa mission : unir les forces en faisant manœuvrer ensemble les détachements départementaux de la DCRI. Ce qui n'empêche pas qu'il doit aussi composer avec Christian Lambert, le pro-consul du 93 qui, dans son ressort, a pris évidemment le contrôle du renseignement.

Envoyer les siens chez l'ennemi, c'est une habitude de Squarcini, un truc sans doute hérité de ses années de RG où il allait au contact en terrain hostile. Avec sa silhouette enveloppée, son allure avenante et ses gestes ronds, Christophe Matta fait pourtant plus penser à l'ours Colargol qu'à un commando de sa gracieuse majesté. Quand Squarcini arrive à la DST, en juin 2007, les jours de Matta, en tant que directeur de cabinet de Pierre Bousquet de Florian, paraissent comptés.

Contre toute attente, la tête de Matta ne roule pas sur le billot. Quand le Squale bâtit la DCRI, en fusionnant les RG et la DST, il lui confie le gros-œuvre. À la tête de la division « M », Matta a rempli à la fois les rôles de super-directeur des ressources humaines et de trésorier. Et, accessoirement, portera le chapeau en cas d'échec.

Christophe Matta a réussi le tour de force de faire le sale boulot sans se fâcher avec personne. « Pour apprivoiser la DST, Squarcini, l'ancien RG, a tout de suite compris qu'il devait s'appuyer sur un homme de la maison, faisant l'unanimité, et il n'y avait pas beaucoup de candidats à part Matta[1] », explique un commissaire de la DCRI, avec le regard inquiet du médecin qui briserait le secret médical.

Une fois le travail achevé à la DCRI, Squarcini s'est ensuite débrouillé pour mettre Matta dans les pattes du directeur général de la police, Frédéric Péchenard, qui cherchait un chef de cabinet. Une façon aussi de l'éloigner avant de se fâcher avec lui. « Matta a la culture DST, il est intègre, c'est le seul qui pouvait dire à Squarcini : "Non, on ne fait pas ça." » Une fois encore, l'opération sabotage a échoué. Le Squale escomptait avoir un Ninja dans la place, mais Péchenard a vu le coup venir : il a cajolé Colargol, trop content de priver Squarcini d'un brillant élément.

Tout oppose Péchenard et Squarcini. D'un côté, un poulet des beaux quartiers, ami d'enfance du Président, un grand bourgeois devenu flic pour s'encanailler. De l'autre, le petit-fils d'un berger corse, attiré par les lumières de la capitale et marchant sur les traces de son père, fonctionnaire de police.

Squarcini en veut secrètement au directeur général de la police de porter avec aisance l'amitié d'enfance du Président comme si c'était une particule. Lui doit sans relâche entretenir le lien, sans cesse ouvrir sa boîte à secrets pour continuer de plaire. Et quand l'occasion se présente, Péchenard ne manque pas de s'en saisir. Ainsi, en juin 2009, il rédige une note de service qui redonne aux gendarmes et à la sous-division de l'information générale, qui a remplacé les RG, le

---

1. Entretien avec les auteurs le 6 octobre 2011.

droit d'œuvrer sur l'intelligence économique dont la DCRI s'était arrogé le monopole. Un thème particulièrement convoité parce que cette enveloppe fourre-tout permet de travailler sur des sujets sensibles.

Les relations entre eux se sont encore un peu plus tendues avec l'affaire des fadettes du journaliste du *Monde*. L'entourage de Frédéric Péchenard n'a pas apprécié que Bernard Squarcini fasse porter le chapeau au directeur général de la Police nationale. Bernard reproche à « Pèche » ses relations courtoises avec David Sénat, le conseiller de Michèle Alliot-Marie soupçonné d'avoir été la source du journaliste. Fait aggravant, alors que Squarcini déteste MAM, qui le lui rend bien, Péchenard s'est toujours entendu avec l'ancienne ministre dont il a même repêché volontiers à son cabinet l'une des attachées de presse.

Autre sujet de discorde entre les deux hommes : la cure d'amaigrissement imposée à tous les services de police au nom de la fameuse RGPP. Squarcini a fait en sorte que ses effectifs restent intacts. Et que son budget de fonctionnement soit préservé. Sécurité nationale oblige...

Mais dans la famille du renseignement, ceux que Bernard envie le plus, ce sont « les cousins », comme les contre-espions appellent les agents de la Direction générale de la sécurité extérieure. Les relations entre les deux maisons ont toujours été tendues. Pour preuve, cette scène digne de *OSS 117* : alors qu'il rentre de déjeuner, un policier de la DCRI surprend au huitième, l'étage de la direction, un agent de la DGSE en train de fouiller dans un bureau. Le militaire en question, n'est autre que le représentant du boulevard Mortier détaché à Levallois pour améliorer les relations entre les deux boutiques ! Il est prié de faire sur-le-champ son paquetage et de retourner chez lui. Depuis, l'indélicat a été remplacé par un nouvel envoyé de Mortier, un colonel.

Espions et contre-espions se sont toujours marché sur les pieds. Les premiers sont censés travailler à l'étranger, les seconds sur le sol français. Mais, avec Squarcini, les incursions se sont multipliées. Au nom de la lutte contre le terrorisme, on ne respecte plus les frontières. Mieux, en 2009, deux jours avant Noël, le patron du renseignement intérieur a envoyé un cadeau à ses cousins : Patrick Calvar. Le numéro 2 de la DCRI, devient ainsi le directeur du renseignement à la DGSE. Un parachutage vécu boulevard Mortier comme une tentative de prise de contrôle. En fait, Squarcini espérait faire coup double : noyauter l'ennemi et éloigner un possible rival. Car, s'ils sont l'un et l'autre nés à l'étranger, Squarcini au Maroc, Calvar à Madagascar, et s'ils sont passés par Marseille, les deux hommes n'ont aucun autre point commun. L'un s'affiche dans les médias, l'autre cultive la discrétion au point qu'il n'existe même pas une photo de lui. L'un a fait toute sa carrière aux Renseignements Généraux, l'autre, même s'il a débuté aux RG en Bretagne, est un pur produit ST. L'un est tout en rondeurs, l'autre carré comme une armoire à glace. Malheureusement, depuis qu'il est à la DGSE, Patrick Calvar, au grand désespoir de Squarcini, s'est « cousinifié ». Il a même osé débaucher la chef d'état-major de Levallois, une ex-ST qui n'était pas dans les petits papiers du patron de la DCRI, et qui se retrouve aujourd'hui à la tête du contre-terrorisme boulevard Mortier.

Autre motif de jalousie pour Squarcini : le grisbi des cousins. C'est d'un œil envieux qu'il regarde leurs quelque 40 millions d'euros annuels de fonds spéciaux. De l'argent liquide distribué par le coordonnateur du renseignement à l'Élysée. S'estimant lésé parce que la DCRI ne touchait que 10 millions environ, le Squale a compliqué la tâche de Bernard Bajolet, premier à avoir occupé ce poste créé de toutes pièces par Sarkozy. L'ancien ambassadeur, un dur à cuire pourtant, qui a exercé en Irak et en Algérie, a dû battre en retraite au bout de deux ans et demi. Il est allé prendre du repos en Afghanistan... Pour tenter d'éviter que pareil désagrément se reproduise, le patron du renseignement intérieur a fait la courte échelle à son ami Ange Mancini, un ex-flic devenu préfet, afin qu'il prenne la suite de Bajolet. Cette fois, bingo !

Squarcini s'est activé pour « mutualiser », comme il aime à dire, les énormes moyens de la DGSE et de la DCRI. En clair : grignoter une part substantielle du gâteau des cousins. Et en profiter pour chasser tous ces gendarmes qu'il déteste et qui se sentent un peu trop chez eux boulevard Mortier.

« Pour être bon, Bernard écarte les autres. »

Le coup de lame vient de Joël Bouchité, l'ex-homme de main de Squarcini. Leurs relations se sont gâtées. Le Squale a pris ombrage de l'arrivée à l'Élysée de son ancien numéro 2 comme conseiller pour la sécurité du Président, puis s'est réjoui de le voir tomber en disgrâce et relégué à la préfecture de l'Orne. Il faut dire que pour faire un sort à la réputation de Jojo, Bernard a planté ses aiguilles comme dans une poupée vaudou. Ce 31 mai, lors de notre déjeuner à la Villa Corse, il brossait ainsi le portrait de Joël Bouchité avant que celui-ci ne fasse ses valises pour l'Orne : « Il s'emmerde tellement, le Jojo, au Château, je ne sais même pas quelles sont ses fonctions officielles. Il essaye d'exister. Il passe son temps à pianoter sur internet, à voir des journalistes, et à partir à la chasse aux bouquins. Il fait du sous-Bertrand, du renseignement à l'ancienne, des combines de merde. » Et d'ajouter en touche finale : « C'est lui le cabinet noir. Ce n'est pas moi. Il fait bosser des anciens des RG, aujourd'hui retraités, qui se font passer pour des gars de la DCRI »[1].

L'approche de la Présidentielle devrait toutefois sonner la trêve entre tous les chefs. Pour que le seigneur du Château ne change pas, les flics de Sarkozy vont devoir mettre de côté leurs querelles et s'unir sous la bannière de la Firme. Sinon, tous, Squarcini compris, risquent l'exil au fond du royaume.

---

1. Entretien avec les auteurs le 31 mai 2011.

13

Touche pas à mes Corses

« Moi je te considérais comme un ami. Mieux un grand frère, un exemple. Et tu m'as trahi ! Tu as trahi vingt-cinq ans d'amitié sincère ! Je me serais fait "hacher" pour toi… Et tu m'as balancé. Tu as balancé ton ami ! Aujourd'hui, il n'y a plus que deux solutions. Soit tu fais tout pour me libérer (On verra après). Soit tu continues ainsi… avec ta façon de faire. (…). Alors… je te le dis… sur le mode solennel. Ce sera la guerre[1] !!! »

Il est bientôt 23 heures, ce 27 mai 2011, Hervé Stephan, le président de la Cour d'assises spéciale, achève la lecture d'un courrier de quatre pages. Datée du 19 décembre 2010, la lettre, postée de la prison de Fresnes dans le Val-de-Marne, est signée

---

1. Extrait retranscrit avec la ponctuation de l'original.

Yvan Colonna et adressée à Pierre Alessandri, son complice présumé déjà jugé et condamné à perpétuité pour le meurtre, le 6 février 1998, du préfet Claude Érignac. Le magistrat l'a reçue cinq heures plus tôt ce même 27 mai, des mains d'un policier de la Direction centrale de la PJ. Cela fait près d'un mois que cette juridiction spéciale réservée aux terroristes juge Yvan Colonna, l'un des membres présumés du commando Érignac : c'est lui, « le berger de Cargèse », qui aurait porté le coup de grâce, dans la nuque du préfet.

La défense d'Yvan Colonna est logiquement déstabilisée. Cet échange épistolaire, en langue corse, ne signe-t-il pas l'aveu de leur client ? Ce dernier chercherait à se faire innocenter par un complice, en l'enjoignant de revenir sur ses aveux…

Dans un premier temps, nul ne songe à remettre en cause l'authenticité de la lettre.

Le 31 mai, à 15 h 30, Christian Lothion se présente à la barre. C'est lui qui, quatre jours plus tôt, a fait transmettre le courrier à la Cour. Le directeur central de la police judiciaire a envoyé son chauffeur porter le pli au Palais.

Cette lettre, il explique l'avoir réceptionnée le matin du 27 mai, peu après 9 heures. Un correspondant à l'accent corse a appelé le standard du ministère de l'Intérieur. Il a demandé à être mis en contact avec « le commissaire Lothion ». Les deux hommes se connaissent « professionnellement » et se tutoient. C'est dans un estaminet proche de la place Beauvau, que l'informateur a remis au policier une photocopie de la lettre de Colonna. De retour à son bureau, « le numéro 2 bis de la Police nationale[1] » – comme il se décrit lui-même – prévient le « numéro 1 », Frédéric Péchenard. Lequel en avise Claude Guéant, ministre de l'Intérieur. En ce qui concerne Bernard Squarcini, deux versions divergent. Lui, nous assure que Christian Lothion lui a fait lire la lettre dès réception, pour des raisons de traduction[2]. Le patron de la PJ précise au contraire, s'être bien gardé de transmettre l'étrange courrier à son homologue de la DCRI.

Quoiqu'il en soit, le Squale, qui se considère pourtant comme le « Monsieur Corse » de la police nationale, n'aurait donc appris l'existence de cette lettre que peu de temps avant que le président de la Cour d'assises spéciales ne la rende publique. D'où sa colère. N'est-ce pas lui, et personne d'autre, le traqueur du « tueur de préfet », le tombeur du « berger de Cargèse » ? Rien de ce qui se passe en Corse ne peut lui être étranger.

Avec son costume sombre et bien mis, ses cheveux poivre et sel, le patron de la Police judiciaire ne fanfaronne pas, ce 31 mai, à la barre de la Cour d'assises spéciale. Car, dans le camp des défenseurs de Colonna, le feu est nourri. Ils n'ont qu'un objectif : contester l'authenticité de la lettre en remettant

---

1. La haute hiérarchie policière est composée d'un directeur général et de plusieurs directeurs centraux. Tous « numéros 2 bis ». Parmi lesquels évidemment Bernard Squarcini, DCRI.
2. Lothion, qui a officié en Corse, nous a précisé : « Je n'ai pas perçu les détails mais j'ai compris de quoi il s'agissait. » Entretien avec les auteurs le 7 décembre 2011.

en cause non seulement l'étonnant cheminement de la missive, mais aussi l'existence même de l'informateur du directeur central de la police judiciaire.

C'est d'abord maître Philippe Dehapiot qui ouvre les hostilités. Il se moque du « facteur » Lothion. Réplique de ce dernier : « Rien ne m'interdit de recueillir moi-même des renseignements, cela fait partie de la passion du métier. » Puis vient le tour de maître Éric Dupond-Moretti : « Alors vous le rencontrez avec un imper au col relevé et un chapeau mou ? – Ce n'est plus la saison, rétorque sans sourire le commissaire. – Vous lui dites : au fait, Albert, comment tu l'as eue, la photocopie ? » Le témoin : « J'ai essayé de le savoir, il n'a pas répondu. » Enfin, Antoine Sollacaro, avocat et militant nationaliste, essaie de « donner son compte » au policier : « Vous êtes un grand flic et vous jouez le rôle du petit télégraphiste ? Que les choses soient claires : ça, c'est une machination, une invention, une création de votre ministère ! Vous vous comportez comme un barbouze et vous allez en subir les conséquences car je vais porter plainte contre vous ! » L'avocat tape du poing sur la table : « Nous allons porter plainte contre vous pour faux et usage de faux ! Vous m'avez compris ? – Je ne suis pas sourd », répond calmement Lothion, ajoutant cependant : « Si c'est un faux, je l'assumerai. »

Depuis, les amis d'Yvan Colonna s'entêtent à nier l'évidence. Selon eux, cette lettre n'émane pas de leur client. Et derrière cette « manip », cette « barbouzerie », il y aurait du Squarcini. Le directeur du renseignement intérieur aurait voulu, une seconde fois, « offrir sur un plateau d'argent la tête d'Yvan à Sarko ».

La première fois, c'était le 4 juillet 2003 dans une bergerie d'Olmeto en Corse du Sud. Nicolas Sarkozy était alors ministre de l'Intérieur. Bafouant le principe de la présomption d'innocence, il déclarait : « La police française vient d'arrêter Yvan Colonna, l'assassin du préfet Érignac. ». N'empêche, Sarkozy, ce jour-là, gagnait sans doute ses galons d'homme d'État. Et adoubait définitivement Bernard Squarcini, alors numéro 2 des Renseignements généraux, comme son homme de confiance, son bras armé.

Soixante-douze heures après l'arrestation du fugitif, le ministre de l'Intérieur convoque une conférence de presse, place Beauvau. Autour de lui Claude Guéant, son directeur de cabinet, Michel Gaudin le patron de la police et Christian Lambert, le chef du Raid, qui détaille l'opération. En bout de table, le directeur central des Renseignements généraux n'a jamais aussi bien porté son surnom de « Grincheux ». Yves Bertrand se tait. Il est « venu parce qu'on (lui) a demandé de venir ». Encore aujourd'hui, il se plaint de ne pas avoir été associé à la traque du berger : « Bernard Squarcini rendait compte à Sarkozy, pas à moi[1]. » C'est donc le Squale, et lui seul, qui recueille les lauriers officiels de « tombeur de Colonna ».

À vrai dire, il n'a pas ménagé ses efforts pour le devenir. Sarkozy lui avait dit – comme à tous les Français – que l'arrestation de l'assassin du préfet présumé était « une priorité nationale ». Message reçu 5 sur 5. Le 4 juillet 2003, lorsqu'il a débarqué en Corse, il savait déjà que « c'était bon ». Le

---

1. Entretien avec les auteurs le 10 septembre 2011.

29 juin, deux hommes du Raid avaient shooté au télé-objectif Yvan le terrible. À l'abri des regards, sur la base navale d'Aspretto, Jean-Loup Fiamenghi, alors numéro 2 du Raid, a montré les photos à Squarcini. Malgré la tignasse et la barbe, celui-ci a été formel : « C'est bien lui. » Il n'y avait plus qu'à trouver le bon moment pour le « sauter ».

Pour en arriver là, « le tombeur de Colonna » oublie de préciser que la DST a accompli dans l'ombre une tâche titanesque. Certes, le travail de renseignement « en milieu ouvert » a été néces-saire. Certes, la multiplication de contacts discrets avec les natios a été fondamentale. Mais, pour remonter « le petit fil » qui permet d'identifier un « réseau d'individus qui pouvaient constituer un système de liaison » entre le fugitif et les siens, il a fallu faire appel à des experts. Pendant des mois, la DST a mobilisé une centaine de fonctionnaires qui ont analysé deux millions de communications téléphoniques, ce qui a permis de limiter considé-rablement la zone de recherche. Ce n'est qu'une fois ce périmètre défini que Squarcini a pu lâcher ses limiers.

C'est François Casanova qui s'y est collé[1]. Un ami, un frère d'armes pour Squarcini. Tous les ans, le DCRI va fleurir sa tombe et veille régulière-ment à ce que les siens ne manquent de rien. « Je ne connaissais pas Casanova, soutient son ancien patron, Yves Bertrand. Quinze jours avant sa mort, il avait demandé à me rencontrer pour s'excuser de

---

1. Voir « Monsieur Alexandre », p. 156.

m'avoir tenu à l'écart de l'enquête sur la traque de Colonna. »

Comme le précise un collègue, « François s'est tué au boulot. C'était du 24-24, sept jours sur sept. Je n'ai pas connu mieux en matière de traitement des sources. Et puis il connaissait la Corse, le maquis, la langue, et les us et coutumes des natios par cœur. ». Un autre ancien des RG précise : « Casanova était un flic solitaire et taiseux. Il ne travaillait avec personne et ne rendait compte qu'à Bernard.[1] »

Casanova n'était qu'un des membres du « clan Squarcini ». Lequel a survécu à son décès comme au départ à la retraite de certains de ses membres et à la fin des RG. Flics corses pour la plupart, ou ayant travaillé dans l'île, ils servent en toutes circonstances le patron et ont naturellement rejoint la DCRI. C'est le cas de Christian Orsatelli, impliqué dans l'affaire dite de « la SMS »[2] ou de François-Xavier Monti mêlé à celle du Cercle Wagram[3]. C'est le cas aussi d'Annie Battesti, affectée à l'état-major de la DCRI. Dotée d'un important carnet d'adresse, Annie est de tous les rendez-vous importants avec le Squale. Son ex-époux, Éric, a, lui, fini par être exfiltré de Corse vers l'ambassade de France, à Londres. Auparavant, patron des RG à Ajaccio, il a pu protéger Orsatelli.

Un gendarme qui a roulé sa bosse en Corse, ne s'étonne pas de ce relationnel particulier : « Sur l'île, deux individus peuvent être concurrents et se détester.

---

1. Entretien avec les auteurs le 28 septembre 2011.
2. Voir « Nanard et les cagoulés », p. 198.
3. Voir « Rien ne va plus », p. 227.

En revanche, sur le continent, ils font bloc. Ils savent qui a fait et qui sait quoi. Ils connaissent les compromis des uns aux autres. L'ennemi d'hier peut devenir le partenaire de demain. J'ai vu des types qui s'étaient tiré dessus, au sens propre, se réconcilier pour faire des affaires. L'argent est un formidable amnésique[1]. »

Et Squarcini sait parfaitement jouer les parrains. À Levallois, il regarde d'un œil avisé les promotions et les changements d'affectation. Comme il s'efforce de répondre aux demandes des syndicalistes. C'est du donnant-donnant. La paix à la DCRI et un soutien indéfectible au chef contre une forme de bienveillance dans les mutations et les avancements. « Pour moi, il gère la boutique à la corse, commente un officier originaire d'Ajaccio. Nous portons en nous la culture du clientélisme. Toujours en train de demander des services, nous devons en rendre en cas de besoin. Avoir Squarcini en lien direct avec le Président, franchement, c'est inespéré[2]. » Christian Lothion, fin connaisseur des mœurs insulaire, renchérit : « C'est la corsitude de Bernard qui le fait fonctionner ainsi. Il ne faut pas y voir malice. C'est dans ses gènes. Il ne peut pas s'empêcher de vouloir connaître tout ce qui a trait, de près ou de loin, à l'île Et, en bas, on sait que l'on peut compter sur lui. Bernard aime rendre service. Malheureusement il ne sait pas dire non[3]. »

Autre pièce maîtresse du «clan» Squarcini sur l'île: un certain Jean-François Lelièvre. Squarcini l'a installé comme préfet de police à Ajaccio. Au moment

---

1. Entretien avec les auteurs le 23 septembre 2011.
2. Entretien avec les auteurs le 19 mai 2011.
3. Entretien avec les auteurs le 1er décembre 2011.

de l'affaire Colonna, Lelièvre était à la Division nationale antiterroriste et s'est brouillé avec son patron, Roger Marion, le bien nommé « Eagle Four » – pour « Il gueule fort ». Le Squale l'a aussitôt pris sous son aileron. Aujourd'hui, Jean-François Lelièvre, avec l'appui des troupes de la DCRI basées à Marseille, a placé la Corse sous sa surveillance.

Tout ce beau monde est rompu à la méthode du Squale. Un modèle importé directement de l'ancienne Direction centrale des RG. Squarcini l'a lui-même décrit, le 6 juillet 1999, lors de son audition par la commission parlementaire d'enquête sur la situation des forces de sécurité sur l'île. « En 1990, j'ai créé un groupe spécialisé dans les filatures et les surveillances sur le problème corse. En effet, ici et plus qu'ailleurs, il fallait absolument traiter le problème avec une certaine continuité et une spécialisation. » Et de détailler les missions confiées à ce groupe : « Une cellule "analyses" au niveau central qui savait apprécier l'état de la menace et suivait les grandes évolutions du mouvement nationaliste corse. » Et son « pendant opérationnel », qui « consistait à essayer de prévenir des actions violentes dans l'hexagone comme en Corse. Ou, en cas d'échec, à essayer avec la Direction centrale de la police judiciaire, d'identifier les auteurs et de les neutraliser suivant les règles procédurales en vigueur ».

Sur le papier, c'est parfait. Dans les statistiques aussi. En 2008, année de création de la DCRI, la Corse a n'a subi « que » 89 attentats. Deux fois moins qu'en 2007. Un chiffre encore divisé par deux en 2009.

Mais depuis, la courbe s'est de nouveau mise à grimper : on comptabilisait ainsi 81 attentats en 2010. Surtout, la violence en Corse s'est transformée. De « politique » ou prétendue telle, elle est devenue crapuleuse. Ainsi, le nombre de « faits délictueux liés à la drogue » entre 2007 et 2008 a bondi de plus de 28 %. Quant aux morts violentes par balle – 23 par an en moyenne –, leur nombre n'a pas varié depuis 1995.

La méthode Squarcini est aussi celle d'un monopole. Dès qu'il s'agit de la Corse, le chef de la DCRI n'est apparemment pas partageur. C'est du moins le sentiment de plusieurs participants aux réunions du mardi à 10 heures, place Beauvau. Tous les services concernés de près ou de loin par la lutte contre le terrorisme sont présents. À l'ordre du jour, chaque semaine, un point d'actualité sur les risques intérieurs et extérieurs. « Au début, ces rencontres duraient une heure, voire plus lorsque l'actualité l'exigeait, témoigne l'un des habitués à cette grand-messe. Désormais, c'est expédié en vingt minutes. Le tour de table commence toujours par la DCRI. Son représentant change souvent. Il ne se présente jamais. Entre nous, on le surnomme le speaker : il lit un papier, livre des faits sans analyse et c'est tout. Autour de la table, personne n'apprend rien. La DCRI fait de la rétention d'information, parce que l'information, c'est le pouvoir. C'est aussi une manière de tenter d'imposer son point de vue. Ça l'est d'autant plus que Sarkozy ne jure que par son "FBI à la française". On ne peut rien dire. Ils font ce qu'ils veulent, comme ils veulent, quand ils veulent[1]. »

Cette « exclusivité », ce monopole au demeurant revendiqué et assumé, permet au Napoléon du renseignement intérieur d'être incontournable dès qu'il s'agit de la Corse. Michèle Alliot-Marie en sait quelque chose. Lorsqu'elle était ministre de l'Intérieur, elle tenait tous les jeudis soir une réunion sur le sujet dans son propre bureau de la place Beauvau. Outre le DCRI, le directeur général de la police, son homologue de la gendarmerie, le responsable de l'Unité coordination de la lutte anti-terroriste, le directeur de cabinet de la présidence de la République et celui du Préfet de police de Paris étaient conviés. Semaine après semaine, ils avaient droit au « show de Squarce ».

« Il était bluffant, largement au-dessus du lot, impressionnant de maîtrise, reconnaît un des participants, qui a gardé en mémoire le souvenir précis d'une de ces réunions. Il était question de l'organisation imminente d'une conférence de presse clandestine en Corse. Les natios menaçaient de faire sauter des lotissements en cours de construction. La ministre demande aux gendarmes de mettre des caméras de vidéosurveillance sur les chantiers et les sentiers environnants. C'était non seulement techniquement impossible mais totalement disproportionné. Le Squale est alors intervenu pour dire en substance : ne vous inquiétez pas, je m'en occupe. Personne n'a osé le contredire. Et nous n'avons plus entendu parler de cette conférence de presse[2]... »

---

1. Entretien avec les auteurs le 30 juin 2011.
2. Entretien avec les auteurs le 9 juin 2011.

« Monsieur Corse », fort de la confiance du politique, peut griller la politesse à ses concurrents. Les gendarmes, très bien implantés sur l'île de Beauté, semblent les premiers à en faire les frais.

L'un d'entre eux s'en plaint en ces termes : « Parfois, il m'est arrivé de me sentir surveillé lors d'une enquête, raconte un gradé. Des individus que vous êtes censé taper au petit matin disparaissent subitement. Je me souviens de Maurice Costa, lié à la Brise de mer[1]. On devait l'interpeller : lorsqu'on est allé le chercher il n'était plus chez lui. La veille, il avait reçu un coup de téléphone fort opportun. Un correspondant lui recommandait d'éteindre son portable puis de le rejoindre immédiatement. Sur les fadettes, nous avons découvert que le correspondant en question était un policier. Un autre jour, nous arrivons les premiers sur un double homicide. Mais ce sont les flics intervenus deux heures après, qui, contrairement aux usages, sont saisis de l'affaire. » Excédé, le gradé lâche : « Lorsqu'ils ne sabotent pas nos enquêtes, les poulets nous les confisquent. [2] »

Au fond, Bernard Squarcini n'a rien inventé. Il n'a fait que reproduire ce qu'il avait appris de ses glorieux aînés. Son modèle, c'est Pasqua. C'est d'ailleurs lui qui l'a recruté, l'a fait monter à Paris via Daniel Léandri, alias « le Tondu ». Le père de Daniel Léandri était déjà dans la boutique Police où il avait côtoyé le père de Charles Pasqua. Corse, conseiller

---

1. Un gang corse dont il est question dans « Rien ne va plus », p. 225.
2. Entretien avec les auteurs le 21 juin 2011

spécial du ministre et brigadier-chef de son état, Léandri junior a vite fait de repérer le jeune Squarcini et d'en faire le sous-directeur de la recherche aux RG. À ses côtés, Squarce a pu développer ses prédispositions, notamment une connaissance parfaite de la géographie insulaire.

« Pour bien comprendre la Corse, il faut savoir de quel village sont les hommes, explique un avocat ajaccien. Le Squale connaît les zones d'influence de telle ou telle famille, dans quel village sont enrôlées les petites mains de la Brise ou du FLNC, il sait, par exemple, que c'est dans la vallée d'Olmeto, chez Michel Tomi, que sont recrutés tous les croupiers et autres barmaids des cercles de jeux parisiens. Squarcini, c'est une encyclopédie ». Une encyclopédie dotée d'une connaissance *in vivo*. Car, comme son mentor Léandri, le Squale se mouille. « Il n'hésite pas à aller au contact des voyous, raconte un de ses fonctionnaires de la DCRI. Il est dans une logique de flic qui bosse sur le grand banditisme. À mon sens, ce n'est pas le boulot d'un directeur de renseignement. Mais c'est dans son caractère. D'abord, il a été élevé comme cela. Et puis, depuis l'arrivée de Sarkozy, il pense être fort, très fort, trop fort peut-être. Il ne se rend plus compte. Je ne dis absolument pas qu'il est corrompu. Je dis qu'il est compromis[1]. »

Une accusation que Bernard Squarcini réfute vigoureusement. D'ailleurs, contrairement à son modèle Léandri, aucun tribunal ne l'a jamais condamné. Le 6 juillet 1999, à l'issue de son audition

_____
1. Entretien avec les auteurs le 6 août 2011.

par la commission d'enquête parlementaire sur les moyens de la police en Corse, invité par le président de l'Assemblée Raymond Forni à préciser le sens de son engagement dans les renseignements généraux, il a répondu : « Nous sommes là pour ramener du renseignement, aux autres de concrétiser l'essai ; nous avons donc la partie la plus facile. La direction des enquêtes est confiée à différentes personnes qui ont leur richesse, leur mosaïque et leurs avantages ou inconvénients. Je ne suis pas juge. » Pince-sans-rire, l'avocat Forni a ironisé : « C'est pourquoi vous avez choisi la police. » Et le policier de rétorquer : « Absolument. Mais ensuite j'essaierai la politique, vous m'avez converti. »

14

Nanard et les cagoulés

Un « tonton » est mort. Antoine Nivaggioni allait vers ses 50 ans. Ce 18 octobre 2010, à 8 h 45, l'ancien nationaliste reconverti dans la sécurité privée, patron de la Société méditerranéenne de sécurité, la SMS, quitte l'immeuble où loge une de ses ex-maîtresses, boulevard Sylvestre-Marcaggi à Ajaccio, sur le front de mer. Tout près, des adolescents rejoignent sagement le lycée Fesch tandis que les pensionnaires de la maison de retraite voisine sortent prendre le frais. Nivaggioni est venu récupérer des documents. Il s'apprête à rejoindre sa voiture, une Golf noire garée en double file, au volant de laquelle un ami patiente. Nivaggioni ne le rejoindra jamais : un commando l'attend.

L'exécution a été préparée avec une minutie toute militaire. Face au domicile de l'ex-maîtresse de Nivaggioni, un « véhicule ventouse » a été positionné. Quelques instants, avant que la cible ne descende, la

« ventouse » a laissé sa place à une autre voiture. À bord de la Renault Mégane, un homme seul. Nivaggioni ne se méfie pas : il faut être au moins deux pour commettre un meurtre, un pilote et un tireur. Il ne se doutait pas que, dans le coffre, deux tueurs cagoulés étaient dissimulés. Le staccato caractéristique d'une Kalachnikov, doublé du bruit sourd d'un fusil à pompe, retentit dans tout le centre-ville. Puis trois détonations sèches. Fauché puis achevé : Nivaggioni n'avait aucune chance. Son Beretta 9 mm est resté à sa ceinture[1].

Nivaggioni avait été pourtant prévenu. Cinq mois plus tôt, en mai, il avait échappé à une tentative d'assassinat. Cette fois, ils étaient deux cagoulés et puissamment calibrés : déjà une « Kalash », déjà un fusil à pompe. Nivaggioni, crâne rasé, barbe de trois jours, lunettes noires sur le nez, était dans les embouteillages matinaux du boulevard Pascal-Rossini qui longe la baie d'Ajaccio. Seul. Soudain, il a été alerté par des cris, des hurlements même : « Au secours ! », « À l'assassinat ! ». Un coup d'œil dans le rétroviseur, et il a aperçu deux individus masqués, à pied et armés. Il a tout de suite compris : ils venaient pour lui. Il est sorti précipitamment de son véhicule, a tenté de se dissimuler. Les deux tueurs ont accéléré le pas, épaulé et... se sont enfuis, sous les yeux apeurés de dizaines de témoins, sans tirer le moindre coup de feu, pour rejoindre une Citroën Berlingo garée non loin qu'ils ont abandonnée quelques minutes plus

---

1. Trois individus ont été rapidement interpellés, puis relâchés. L'enquête sur l'assassinat d'Antoine Nivaggioni est toujours en cours.

tard sur un parking isolé avant d'y mettre le feu. Il était 9 h 12. Ce sont des voisins qui ont prévenu les pompiers. Entendu par les enquêteurs de la direction régionale de la police judiciaire, Antoine Nivaggioni n'a pas porté plainte. Il aurait peut-être dû...

D'autant qu'il comptait bien des amis dans la police. Et notamment Bernard Squarcini. Pendant des années, Nivaggioni lui a servi de « tonton », d'« indic ». Lorsque le Squale dirigeait la sous-direction de recherche à la Direction centrale des renseignements généraux, il bénéficiait d'un statut d'« informateur officiel ». Ce qui lui a logiquement permis d'obtenir quelques menus services.

Des petits services sur lesquels le dossier dit de la SMS lève le voile.

La Société méditerranéenne de sécurité était dirigée, outre Antoine Nivaggioni, par d'anciens membres ou sympathisants du Mouvement pour l'Autodétermination, le MPA[1], fondé par Alain Orsoni, avec lequel Nivaggioni entretenait d'ailleurs une proximité affective. Tous les deux ont très officiellement changé leur fusil d'épaule en troquant « l'idéologie violente pour l'économie libérale[2] ». Une transition que Nivaggioni assumait très bien deux ans après la création de la SMS, le 28 juin 2002 : « Nous ne sommes pas une officine nationaliste, mais une société commerciale[3]. » Ce qui suffisait, semble-t-il, à

---

1. Voir « La brise avant la tempête », p. 213.
2. Selon la formule lapidaire du vice-procureur de la République Marc Rivet.
3. Entretien au quotidien *Libération*, 28 juin 2002.

rassurer bon nombre de collectivités publiques. Bénéficiant d'un agrément du ministère de l'Intérieur, la société de gardiennage avait décroché des contrats pour assurer la sûreté de zones sensibles comme les aéroports d'Ajaccio et de Toulon-Hyères ou le port de Marseille. Des marchés juteux obtenus cependant, comme le constatera la justice, dans « des conditions relevant davantage de l'alchimie que du code des marchés publics ». En un temps record, la SMS est devenue le troisième employeur de l'île avec plus de 260 salariés. Étrangement, sa situation financière a alors commencé à se dégrader. Le 6 décembre 2007, un administrateur judiciaire calculait que l'entreprise de gardiennage accusait un passif de plus de 3,1 millions d'euros dont 2,3 de dettes fiscales et sociales pour un actif disponible d'à peine 250 000 euros. L'enquête montrera que Nivaggioni, qui menait grand train, confondait souvent son propre compte en banque avec celui de la SMS. Et qu'il était généreux avec ses conquêtes féminines...

Pour sauver son entreprise en état de cessation des paiements, l'ancien nationaliste s'est alors mis en quête d'investisseurs pas trop regardants. Il les a trouvés chez les numéros 1 et 2 du groupe Ginger, une société d'ingénierie cotée en bourse : Jean-Luc Schnoebelen, PDG, et son adjoint Éric Marie de Ficquelmont, à l'époque DRH de Veolia. C'est un certain Didier Vallé qui avait mis tout ce beau monde en relation, un ancien fonctionnaire de police, à l'origine simple gardien de la paix, mais parti à la retraite avec le grade de commandant fonctionnel des Renseignements généraux spécialisé dans le « traitement et recrutement des sources humaines » – autrement dit : une nounou pour « tontons ». Ses chefs n'avaient pas eu à se plaindre de ce « bon flic de terrain, aux mains calleuses de maçon », comme le décrit un de ses anciens collègues. Bernard Squarcini, qui apprécie le travail bien fait, l'a fait fait décorer de l'Ordre national du mérite, au lendemain de l'élection de Nicolas Sarkozy.

Ce qui a motivé une enquête sur la SMS, c'est une accusation de détournements de fonds publics, surfacturations, blanchiment et escroqueries.

L'affaire a été jugée au printemps 2011 par le tribunal correctionnel de Marseille, en l'absence bien sûr du principal intéressé qui était décédé six mois plus tôt. Et, le 20 juin 2011, une quinzaine d'amis et complices de Nivaggioni ont été condamnés à des peines de prison, allant de un an avec sursis à quatre ans dont deux fermes. Parmi eux des élus et plusieurs chefs d'entreprise.

Mais aucun policier... Pourtant, plusieurs figuraient en bonne place dans l'instruction menée par les juges Charles Duchaine et Serge Tournaire. Ils travaillaient tous aux RG.

Ce qui explique que le Squale ait suivi avec une attention particulière les détails de l'enquête, dès le « signalement Tracfin[1] » de 2006, à une époque où il était encore préfet de Marseille. Lorsque l'affaire a pris de l'ampleur, courant 2007, il était directeur de la surveillance du territoire, avec les moyens d'exiger

---

1. Pour « Traitement du renseignement et action contre les circuits financiers clandestins », un service du ministère de l'Économie et des Finances.

et d'obtenir d'être tenu informé de manière précise et régulière du cours des investigations. À plusieurs reprises, des réunions informelles ont ainsi été organisées place Beauvau dans le bureau de Martine Monteil, directrice centrale de la Police judiciaire, auxquelles étaient conviés Frédéric Péchenard, directeur général de la Police nationale, Joël Bouchité, directeur central des Renseignements généraux, et le directeur régional de la Police judiciaire venu spécialement d'Ajaccio pour l'occasion.

« Squarcini cherche à savoir, soutient sous le sceau de l'anonymat un officier de la PJ. Il veut contrôler, parfois même orienter l'investigation. Il veille à ce que l'enquête épargne ses amis policiers et natios[1]. »

Le vice-procureur de la République, Marc Rivet, écrira d'ailleurs, le 19 avril 2010, dans son réquisitoire : « La procédure judiciaire sera polluée par des interventions variées, généralement peu compatibles avec la manifestation ordinaire de la vérité et révélant, s'il en était besoin, la fragilité du fonctionnement républicain en Corse. » En particulier, celui de la police.

Le Squale n'abandonne pas ses poissons pilotes, surtout s'ils sont corses !

Même si en l'espèce, Didier Vallé, l'entremetteur de Nivaggioni, souffre d'un léger handicap : natif de Bordeaux il n'est qu'à moitié corse, par sa mère. Pour donner le change auprès de ses interlocuteurs insulaires, il se fait appeler Didier Luciani, du nom de jeune fille de sa maman. Depuis des années, Didier

---

1. Entretien avec les auteurs le 12 octobre 2011.

Luciani, donc, cultivait d'étroites relations avec Alain Orsoni. Encore plus depuis son départ à la retraite – à 51 ans. Les deux Corses avaient en effet des intérêts dans la même société espagnole de jeux, la Pefaco[1]. Vallé avait aussi créé sa propre Sarl baptisée VDA Consultant. C'est l'ami Squarcini qui lui en avait soufflé l'idée, à la fin de l'année 2005.

« J'étais sans activité depuis un an et je devais partir à l'étranger lorsqu'on m'a annoncé qu'intervenait la privatisation de la SNCM[2] et qu'on avait besoin de moi », a raconté Vallé-Luciani au juge Duchaine, qui l'interrogeait le 10 novembre 2008.

« Qui on ? », a benoîtement demandé le magistrat.

Et l'ancien flic de répondre :

« M. Squarcini, qui était alors préfet de Marseille. » Il poursuit : « Lorsque la privatisation de la SNCM a été annoncée, il y a eu une levée de boucliers des syndicalistes corses et des élus indépendantistes. Au mois de novembre-décembre 2005, lorsque M. Squarcini a fait appel à moi, il m'a expliqué que j'avais le profil pour assister MM. de Fiquelmont et Couturier[3]. Le rôle que m'assignait M. de Fiquelmont était de faire le lobbying entre les représentants de Veolia et les élus corses. » Pour ce faire, Vallé a alors créé sa propre société de conseils.

Mais ce n'est pas tout. L'ancien flic a également été chargé d'organiser une campagne de presse contre Corsica-Ferries, le concurrent de Veolia, pour la prise de

---

1. Voir « Rien ne va plus », p. 227.
2. La Société nationale Corse-Méditerranée, privatisée par le gouvernement Villepin, assure notamment les liaisons maritimes Corse-continent.
3. Tous deux sont à l'époque responsables chez Veolia.

contrôle de la SNCM. Et il su trouver, auprès de certaines rédactions parisiennes, un convaincant attaché de presse en la personne de… Bernard Squarcini. Lequel a ainsi mis en contact un des auteurs de cet ouvrage avec le jeune retraité de la police. Au cours d'un dîner, dans un restaurant près des Halles, Vallé nous a fourni clés en main un dossier destiné à dénigrer la Corsica-Ferries. De cette rencontre n'a pu sortir aucun papier, la plupart des faits allégués étant invérifiables. Néanmoins, l'ex-flic aura réussi sa reconversion : Veolia est devenu l'actionnaire majoritaire de la SNCM. Ce qui, par effet dominos, a profité à la société de Nivaggioni, chargée de la sécurisation des ferries. La SMS était quasi sauvée grâce à l'entremise du duo Vallé-Squarcini, au profit du tandem Ficquelmont-Schnoebelen. Antoine Nivaggioni pouvait leur dire merci.

À la même époque, un autre protégé du Squale avait pris en main le destin de Nivaggioni. Lui aussi était corse, lui aussi policier, mais actuellement toujours en activité, contrairement à Vallé. Le brigadier-major Christian Orsatelli, 53 ans, fait aujourd'hui encore partie des effectifs de la DCRI. Au juge Duchaine qui l'interrogeait le 10 novembre 2008, il précise sobrement : « Je suis chargé du renseignement en matière de séparatisme corse. » Il assure séjourner sur l'île de Beauté « environ huit ou neuf jours par mois » pour effectuer son travail. Il se garde bien de mentionner qu'il est la cheville ouvrière de la cellule corse de la DCRI, qui rend compte directement au patron de Levallois[1].

---

1. Voir « Touche pas à mes Corses », p. 184.

Tout petit déjà, Orsatelli voulait être flic. Tout petit déjà, il rêvait de faire du « rens ». Son papa lui montrait la voie : fonctionnaire des RG, il avait été affecté à Calvi puis à Corte. C'est-là bas que le jeune Orsatelli a grandi, entre 1966 et 1978. Là-bas aussi qu'il a appris le métier. Un travail qu'il considère à la fois comme « ingrat » et « pénible ». Un vrai sacerdoce. Il a fait connaissance de Nivaggioni en 2002 : le nationaliste venait de se reconvertir en chef d'entreprise. « Ma hiérarchie et moi-même avons pensé qu'il pourrait être utile que je garde le contact avec lui », explique le policier au magistrat instructeur. Un contact étroit, effectivement, comme le démontrent les écoutes judiciaires effectuées dans le cadre de l'affaire SMS.

Ainsi, le 16 mars 2007, le RG Orsatelli téléphone, depuis son poste au ministère de l'Intérieur, à la compagne de Nivaggioni qui passe le combiné à son homme. Le patron de la SMS demande alors au fonctionnaire de « regarder un numéro », exigeant même une réponse rapide. En clair : il veut savoir si le « 06... 23 » est branché par un service de police. Christian Orsatelli s'exécute avec célérité. Il s'enquiert auprès des opérateurs de téléphonie, puis, particulièrement opiniâtre, sollicite plusieurs fois par jour un policier chargé de la gestion des « interceptions de sécurité ». Devant les réticences de ce dernier, il n'hésite pas à activer un collègue haut placé. En l'occurrence, Éric Battesti, à ce moment-là directeur régional des renseignements généraux en Corse[1]. Lequel accepte.

---

1. Voir « Rien ne va plus », p. 227.

Comme Vallé et Orsatelli, Battesti est un protégé de Squarcini qui l'a promu, en juin 2007, attaché de la sécurité à l'ambassade de France à Londres, et Annie, son ex-épouse, fait partie de l'état-major de la DCRI[1].

Pour justifier au juge Duchaine le zèle déployé pour satisfaire la demande de Nivaggioni, Orsatelli, qui n'a pas été renvoyé devant le tribunal correctionnel, a expliqué que, dans son « rôle de traitant », il était « obligé de rentrer un minimum dans le jeu d'Antoine Nivaggioni ».

Il jouait sans doute ce « rôle de traitant » le 28 mars 2007, lors d'une conversation téléphonique avec Nivaggioni.

C'est le début de soirée, les limiers de l'OCRGDF, l'Office central pour la répression de la grande délinquance financière, sont à l'œuvre dans les locaux de la SMS. Perquisition. Le patron, Nivaggioni, est présent, libre de ses mouvements. Il appelle, sur son portable, une de ses connaissances féminines, et, ô surprise, Orsatelli, qui se trouve là par un heureux hasard, saisit le combiné.

Nivaggioni : « Qui c'est qui avait raison ? »

Orsatelli : « Hum, Hum, t'es où ? (…). Ils ont été vite, ils ont été vite cet après-midi. Tu es sur quel téléphone toi, là ? »

Nivaggioni : « Le normal. »

Orsatelli : « Hum, Hum, ils ont vite fait, hein, putain… »

Le 10 novembre 2008, le juge Duchaine interroge

---

1. Voir « L'espion qui tirait à gauche », p. 269.

Orsatelli sur « le contexte et le contenu de cette conversation ». En préambule, le magistrat annonce la couleur : « J'ai de sérieux soupçons sur votre personne et sur la manière dont vous concevez votre rôle de policier. » Réponse du brigadier-major : « J'avais entendu des bruits sur cette enquête mais je n'étais au courant de rien. » Amusant pour un spécialiste du renseignement...

Ce comportement de Christian Orsatelli a quelque peu troublé son patron direct, Jean-François Lelièvre, qui dirigeait en 2007 la Section nationale de recherche opérationnelle aux Renseignements généraux. Depuis, ce tout juste quinquagénaire a fait son chemin, par la grâce du Squale. À la création de la DCRI, il est devenu le patron de la sous-division L, celle entre autres des filatures et des opérations spéciales. Puis Squarcini l'a missionné en Corse : « Jef » y exerce désormais les fonctions de coordonnateur des services de sécurité intérieure auprès du préfet de Corse. Pour faire simple : préfet de police de l'île. Sous les ordres de Squarcini, lorsque celui-ci était numéro 2 des RG, il a fait partie de ceux qui ont « sauté » le commando Érignac[1], il connaît donc parfaitement les mœurs insulaires.

Serait-ce pour cette raison que le commissaire Lelièvre se montre tolérant vis-à-vis de son subordonné. Ainsi, interrogé le 19 janvier 2009 par le juge Duchaine sur l'attitude d'Orsatelli, il assure « ne pas

---

1. Du nom du préfet de Corse, Claude Érignac, assassiné le 6 février 1998 à Ajaccio.

être étonné qu'Antoine Nivaggioni – compte tenu de la durée de leur relation – puisse aborder avec Orsatelli ses difficultés judiciaires ». En revanche, il se dit surpris de la méthode utilisée pour vérifier si une ligne téléphonique est sûre, autrement dit à l'abri des écoutes. Normalement, un officier traitant ne peut effectuer cette demande de lui-même. Et de détailler : « Il doit passer par une plate-forme interne au service, par l'intermédiaire de laquelle il peut obtenir des identifications de numéros et des factures détaillées. Il n'existe pas de contrôle à priori mais les demandes adressées à cette plate-forme doivent être motivées. »

À l'issue de l'enquête, le 8 juillet 2010, l'ordonnance de renvoi est écrite au vitriol : « Certaines informations communiquées l'étaient singulièrement non par l'informateur à son agent traitant mais par le policier à son prétendu informateur. » Et ce « dans le but manifeste de faire entrave au bon déroulement de la procédure judiciaire ». Les magistrats s'agacent aussi du « secret défense » qui leur a été opposé tout au long de l'enquête. Impossible pour eux de vérifier la réalité des renseignements communiqués par l'informateur Nivaggioni, car il s'agirait d'informations classifiées.

Ce secret défense, les magistrats comme les policiers auraient préféré qu'il s'applique à leurs investigations. Comme ce 20 novembre 2007. Ce jour-là, les enquêteurs spécialisés dans la grande délinquance financière frappent simultanément. À Marseille, Toulon et Ajaccio, tous les protagonistes de l'affaire SMS sont embarqués. Tous, sauf un : Antoine Nivaggioni, qui prend le maquis pour une période de 15 mois[1]. Les flics de la PJ sont convaincus que l'ancien nationaliste a bénéficié de complicités. Il a été « rencardé ».

Moins de deux mois, après le début de cette cavale un des amis de Nivaggioni quitte Ajaccio pour Paris. Ce 17 janvier 2008, le jeune Jean-Christophe Angelini part avec un agenda bien rempli. Conseiller territorial, sa réputation commence à dépasser les contours de l'île. À Beauvau comme à l'Élysée, on voit en lui un interlocuteur d'avenir. D'autant que sa formation, le Parti national corse, se dit opposée à la violence et à la clandestinité.

Sur le coup de midi, il a rendez-vous à deux pas de place de la Concorde avec... Squarcini chez Maxim's ! Parmi les touristes amateurs de nappe blanche amidonnée, de stucs et du style rococo Art nouveau de l'École de Nancy, les deux hommes passent inaperçus. Ils se connaissent bien. Ils cultivent de nombreuses relations communes, dont Antoine Nivaggioni, qui, selon eux, n'a pas été cité dans leur discussion. D'après le numéro 1 de la DST, les agapes étaient juste l'occasion d'« un tour d'horizon politique » de la situation insulaire, alors que le jeune élu de Porto-Vecchio assurera, lui, à la barre du tribunal correctionnel de Marseille, que le « rendez-vous a été motivé par la proximité avec la date du dixième anniversaire de la mort du préfet

---

1. Il a été interpellé par le RAID le 9 janvier 2008, à Ajaccio, sur le parking de l'hôpital Notre-Dame-de-la-Miséricorde (*sic*).

Érignac. Certains craignaient que la situation dérape en Corse ». Mais alors, pourquoi, quelques heures plus tôt, Angelini a-t-il susurré au téléphone à Jean-Luc Schnoebelen, qui est, avec Éric de Fiquelmont, un des deux candidats repreneurs de la SMS : « Je déjeune avec... Comment t'expliquer... La personne que vous aviez rencontrée avec Éric, tu sais ? » Et le chef d'entreprise de compléter : « Celui qui est à Levallois ! »

Il est un peu plus de 14 heures, ce 17 janvier, lorsque l'« homme de Levallois » et l'élu nationaliste prennent congé. Angelini rejoint la place de la Concorde, puis les Champs-Élysées où il a rendez-vous au café du Virgin-Megastore. C'est là qu'il est interpellé par des policiers de la PJ, ceux-là mêmes qui enquêtent sur la SMS et ses dirigeants et qui, le même jour, embastillent Jean-Luc Schnoebelen et Éric de Fiquelmont. Une semaine plus tôt, ils ont intercepté d'étranges conversations téléphoniques entre les trois hommes. Il y était question d'un « diplôme à remettre à Antoine ». Ce qui réjouissait Angelini : « Très bien. » Pour les enquêteurs, il ne fait aucun doute que « le diplôme » en question est un faux passeport. Un viatique qui doit permettre à Nivaggioni de fuir à l'étranger. Un faux passeport, établi au nom d'Yves Le Rouvillois, sera d'ailleurs retrouvé par la police entre les mains d'une vieille connaissance d'Eric De Fiquelmont, un ex-légionnaire.

Sitôt informé de l'arrestation de Jean-Christophe Angelini, Bernard Squarcini prévient la famille de l'élu[1]. Il tient naturellement à les rassurer. Le déjeuner n'était pas un traquenard. Il ne s'agissait pas de faire monter la jeune pousse du nationalisme à Paris, pour l'interpeller tranquillement sur le continent. Le patron de la DST est d'ailleurs persuadé que ses collègues de la Police judiciaire ont voulu faire coup double. En serrant Angelini, après leur déjeuner chez Maxim's, c'est aussi lui, Squarcini, qu'ils cherchaient à atteindre.

L'enjeu est de taille. Afin de garantir son propre avenir, « Squarce » comme l'appelle ses hommes doit convaincre la famille de l'élu de sa bonne foi. Car si acte de trahison il y avait, les cagoulés pourraient le lui faire payer. Alain Orsoni lui-même ne l'a-t-il pas promis ? Le 28 mars 2007, tandis que le « bel Alain » était en Espagne, la police faisait une descente au siège de la SMS à Ajaccio. Téléphonant à son frère d'armes, Antoine Nivaggioni, et se sachant sur écoutes, il s'était lancé dans une longue diatribe sans ambiguïté : « Tous ces gens qui se prétendaient être à un moment donné soi-disant… euh… compréhensifs… Écoute bien ce que je te dis, Antoine, *Le Canard enchaîné*, *Le Monde*, *Libération*, ils vont faire la Une. Et, avant l'élection présidentielle, je te le dis, il va y avoir les horaires des repas, les restaurants, les lieux, les personnes présentes et le reste. Ça, je te le dis et j'en prendrai la responsabilité seul. Ils feront comme ils veulent (…). Mais je te le garantis : ils vont me le payer. »

Un message assurément reçu par Squarcini.

---

1. *Le Monde*, 1ᵉʳ février 2008.

15

La brise

avant la tempête

Dans une semaine, c'est Noël. Valérie Bozzi est montée pour la journée à Paris. La jeune et jolie avocate a fait le déplacement avec sa maman, Marie-Jeanne. Valérie s'est acheté un sac, un cadeau avant l'heure.

Mais, ce matin du 18 décembre 2008, la mère et la fille n'ont en réalité pas quitté Ajaccio seulement pour faire des emplettes. Elles ont rendez-vous pour déjeuner dans un restaurant très chic de la capitale. Un restaurant où l'on boit du champagne, où l'on croise des hommes politiques et des journalistes connus. Rien que du beau linge.

Le soir, pas peu fière, de retour à Ajaccio, la jeune avocate raconte ses agapes à son concubin, Sylvestre Ceccaldi. Et pas qu'à lui d'ailleurs. Depuis plusieurs semaines, les enquêteurs de la police judiciaire d'Ajaccio ont « sonorisé » l'appartement du couple. Voici ce qu'ils entendent[1] ce 18 décembre.

Il est un peu plus de 1 heure du matin. La télévision est allumée. Sylvestre, irrité et impatient, presse de questions sa compagne qui vient d'arriver :

Sylvestre : « Alors comment ça s'est passé ?

Valérie : « Bien, il est sympa. »

S : « Qu'est-ce qu'il voulait ? »

V : « Il nous a parlé de l'affaire… »

S : « Il voulait bien vous voir pour quelque chose, non ? »

V : « Eh ben, je suis en train de t'expliquer. Il voulait nous voir pour surtout arrêter. Il nous a dit qu'il voulait nous voir pour, parce que y a un tract qui circule : "Je voulais que les choses soient claires, pour pas qu'il y ait de malentendus…" Voilà, pour qu'on coupe court un peu à toutes les rumeurs, tu vois… »

S : « Il ne vous a pas fait venir à Paris pour ça hé, oh ! »

V : « Et oui, pourquoi, tu crois quoi, attends ? »

S : « S'il s'en fout de ce que vous pensez… »

V : « (…) Mais attends. Pour lui, chef de police, ça lui fait une réputation (…) Il nous a dit : "Voilà, je voudrais mettre les choses au clair. Je sais qu'il y a des tracts qui circulent sur moi…" Il nous a aussi parlé d'Orsoni. Il est bien avec lui. »

Sylvestre s'agace. Il le sait, tout cela. Évidemment que ce « chef de la police » est « bien avec Orsoni » puisque « c'est un ancien des RG ! », s'exclame-t-il.

---

1. Document inédit, extrait de l'enquête sur l'assassinat d'Alain Orsoni.

Valérie reprend le compte rendu de ses agapes parisiennes :

« Je pense qu'il voulait faire passer le message d'Orsoni. Et nous, on en a profité pour passer notre message aussi, qu'on n'avait rien contre Alain Orsoni. Enfin lui, il ne nous a pas rassurées. Il a dit : "Il faut que vous preniez un avocat... Cette voiture, elle était à votre nom, ou... ?" J'ai dit oui, elle était à mon nom. Le garage nous a prêté une voiture. Il a dit : "Il faut vous dégager de cette voiture, parce que la seule chose qui vous relie à l'affaire c'est cette voiture. (...) Prenez Mattei parce qu'il est retourné à Marseille, et comme c'est un juge de Marseille..." »

À ce moment-là, le son de la télévision perturbe l'écoute. Lorsque la conversation reprend, le ton monte :

« Tu vas l'écouter ? » demande Sylvestre, de plus en plus agressif.

Valérie : « Non, on sait pas. »

Sylvestre : « Comment : "On sait pas" ? C'est Orsoni qui l'envoie, il parle pour Orsoni, et tu vas l'écouter ? »

V : « Non, mais je sais pas... Il a dit : "De toute façon, vous avez bien compris que si vous aviez jamais fait de politique, il ne vous serait jamais rien arrivé (...) Porticcio, c'est convoité, c'est comme Porto-Vecchio. Il y a des enjeux immobiliers énormes." On est restées con quand il a dit ça. Il a dit : "La rocade va être débloquée, ça peut attirer quand même des convoitises (...) il faut à tout prix vous sortir de cette affaire (...). Vous êtes avocate, vous avez bien réussi, c'est bien." »

S : « De toute façon, il y a deux solutions : ou c'est l'autre qui manipule Orsoni ou sinon Orsoni il a vraiment rien à voir. C'est pas compliqué (…) »

V : « (…) il est super bien avec Orsoni. Il *chjuchja*[1] avec lui et tout. »

Puis, sur fond de télévision et de bruits de couverts qui s'entrechoquent dans l'assiette, le ton s'envenime. La conversation s'achève par :

Sylvestre : « Je sais rien du tout moi. Moi c'est mon intime conviction. Moi je te le dis comme je le pense. (…) Tu crois que je parle de ça avec qui, moi ? Je parle avec zéro personne. Je parle pas avec Antho, je parle pas avec Pierre, je parle pas avec mon père, je parle pas avec euhhh, je parle pas avec personne de ça. C'est tout seul. Je parle avec personne. Je ne répète pas ce que tu me dis (…). Je ne parle pas avec Squarcini, moi, hein ! »

Ce 18 décembre 2008, Valérie et Marie-Jeanne Bozzi ont donc déjeuné avec le directeur du renseignement intérieur. Un quatrième convive était présent : Jean-Jacques Panunzi, le président UMP du conseil général de Corse-du-Sud, un ancien des commandos parachutistes et ami de Squarcini. C'est Panunzi qui a choisi le restaurant et régalé ses invités d'un jour[2].

À 29 ans, Valérie Bozzi est non seulement avocate mais maire de Grosseto-Prugna-Porticcio, située

---

1. Expression corse transcrite phonétiquement et qui signifie : boire des verres avec quelqu'un.
2. Bernard Squarcini nous assure que c'est lui qui a réglé la note. Entretien avec les auteurs le 28 décembre 2011.

au sud d'Ajaccio, la deuxième ville la plus riche de Corse. Elle a succédé à sa mère, Marie-Jeanne, qui a dû rendre son écharpe tricolore après une affaire de fraude fiscale. Laquelle avait elle-même remplacé son mari, devenu inéligible après avoir été convaincu de proxénétisme et de dissimulation de travail clandestin. Une dynastie de serviteurs de la République, en quelque sorte.

Marie-Jeanne est morte le 21 avril 2011, en milieu d'après-midi, sur un parking de centre commercial dans sa commune. Deux hommes à moto, huit balles. Une exécution. Un travail de pro. Le lendemain, élus, magistrats, policiers et journalistes s'interrogent, s'indignent, ou s'inquiètent − voire les trois à la fois − de cette nouvelle « escalade de la terreur ». De ce « tabou brisé avec l'assassinat d'une femme ».

Mais Marie-Jeanne Bozzi n'était pas seulement une femme, une élue de la République, la mère de Valérie Bozzi. C'était également la sœur d'Ange-Marie Michelosi − et c'est avant tout la sœur et la nièce de Michelosi que Bernard Squarcini a rencontrées à Paris, le 18 décembre 2008.

Ange-Marie, lui, est tombé six mois plus tôt, le 9 juillet 2008. Déjà à Grosseto. Plusieurs fois condamné, il était l'heureux copropriétaire − avec ses frères et sœurs − d'un établissement ajaccien, situé cours Napoléon à deux pas de la préfecture : Le Petit Bar. C'est là que se réunissaient les ayants droit de Jean-Jérôme Colonna, le parrain de la Corse-du-Sud, un ancien de la *French Connection*. Depuis la mort « accidentelle » de « Jean-Jé » en novembre 2006,

Ange-Marie Michelosi s'était approprié son héritage : jeux, stups, blanchiment, etc. De quoi faire des jaloux. Marie-Jeanne et Valérie Bozzi en sont persuadées : c'est Alain Orsoni qui a commandité l'assassinat de leur frère et oncle.

Au temps de sa superbe, Orsoni aimait être surnommé « le bel Alain ». Dans les années 1970, pour « plaire aux filles », il faisait le coup de poing à la fac de droit d'Assas, côté extrême droite, avec le Groupe union défense, le fameux Gud. De retour au pays, le beau parleur s'est engagé dans la mouvance nationaliste. En 1990, il a fondé le Mouvement pour l'autodétermination, MPA, surnommé par ses rivaux de la Cuncolta, « Mouvement pour les affaires » ou « Mouvement pour Alain ». Le MPA était alors considéré comme la vitrine légale du clandestin et meurtrier FLNC-Canal habituel. Mais tout cela c'est du passé, assure désormais Orsoni. Après une douzaine d'années d'exil volontaire en Amérique du Sud puis en Espagne, où le « bel Alain » a fait prospérer des affaires de machines à sous[1], on lui donne désormais du « Monsieur le Président ». Depuis juillet 2008, il dirige en effet l'Athletic Club d'Ajaccio, la fierté footballistique des Corses du sud.

Fin août 2008, un mois après l'assassinat d'Ange-Marie Michelosi, dans un contexte accru de règlements de comptes et de flingages en tous genres, plusieurs renseignements anonymes parvenus à la PJ ajaccienne. Il est question d'un hangar qui semble servir de base arrière à un commando. Des surveillances

---

1. Voir « Rien ne va plus », p. 227.

visuelles, des écoutes téléphoniques le confirment. Des individus paraissent se livrer à des repérages avec une Citroën C3 blanche de location. Au vu des parcours empruntés par la voiture, Orsoni semble la cible toute désignée. Principal suspect : Jean-Toussaint Michelosi, l'autre frère de Marie-Jeanne. La voiture a été louée au nom de sa nièce, Valérie Bozzi, l'avocate. Les policiers agissent de manière préventive : le commando, surtout composé d'habitués du Petit Bar, est arrêté avant de passer à l'acte.

Voilà qui éclaire le déjeuner de décembre 2008 entre la mère et la fille Bozzi et Squarcini. Si l'on en croit le récit fait par Valérie à son compagnon, le patron de la DCRI lui aurait fait passer un message. Il faut cesser la vendetta entre le clan Bozzi et celui d'Orsoni. Pour cette histoire de « voiture » – le seul lien avec les supposés préparatifs de l'assassinat d'Orsoni –, Squarcini a même proposé le nom d'un avocat : un certain « Mattéi », parce qu'il est installé à Marseille, où l'affaire est instruite. Et aussi parce qu'il est corse…

La présence de Squarcini dans ce dossier ne sera jamais révélée au grand jour. Tous corses, les avocats s'imposeront une très confraternelle omerta médiatique. Quant à Alain Orsoni, la cible des tueurs, après s'être porté partie civile, il s'est finalement désisté.

Personne ne parle. Mais Bernard Squarcini, lui, est bien renseigné. Il faut dire que le Squale a beaucoup d'amis dans le milieu insulaire. Côté flics comme côté voyous. Côté élus comme côté nationalistes. Si pour un RG de terrain comme il l'a été, nouer des contacts dans tous les milieux est une indéniable qualité, il en va différemment lorsqu'on est le patron du renseignement intérieur. « Il abaisse la fonction, regrette un de ses amis, haut fonctionnaire. Mais lorsque je le lui dis, il s'énerve, me parle de racisme anti-corse[1]... » Un officier de la DCRI insiste : « La Corse, c'est la chasse gardée de Squarcini. Là-bas, le mélange des genres peut être dangereux. Heureusement sa proximité avec le pouvoir lui a jusqu'à présent épargné toute sanction[2]. »

Ce n'était pourtant pas l'envie qui manquait à Michèle Alliot-Marie. Quand, au printemps 2007, la toute nouvelle ministre de l'Intérieur le reçoit dans son bureau, elle connaît mal Bernard Squarcini. Avant de rencontrer celui qui est alors patron de la DST, elle demande tout naturellement à voir ses états de service. Rien à redire. Puis certaines bonnes âmes lui rapportent que Squarcini nourrit quelques accointances douteuses avec le milieu corse. Aussi, lors de leur tête à tête, Squarcini se fait tancer. Elle s'étonne que son fils ait travaillé pour Toussaint et Paul Canarelli. Il est vrai que le gamin, Jean-Baptiste, a fait la saison dans leur établissement de nuit.

Effectivement, comme les Bozzi, les Orsoni, les Colonna et d'autres grandes familles insulaires, Bernard Squarcini connaît bien les Canarelli. Mais la justice aussi. Dans son rapport sur la criminalité organisée, daté de juillet 2000, le procureur de la

---

1. Entretien avec les auteurs le 23 juin 2011.
2. Entretien avec les auteurs le 28 mai 2011.

République de Bastia, Bernard Legras, a fait un sort à cette prospère famille d'entrepreneurs insulaires qu'il soupçonne d'être proche du milieu. La famille Canarelli a aussi attiré la curiosité des journalistes. Dans leur enquête sur les parrains corses[1], Jacques Follorou et Vincent Nouzille rappellent que Toussaint Canarelli, le patriarche, avait tissé des relations avec Jean-Jé Colonna, le parrain de la Corse-du-Sud. Quant au fils, Paul, il était très proche du défunt Richard Casanova, considéré comme l'héritier de Jean-Jé.

Toussaint et Paul font dans l'hôtellerie de luxe. Toussaint est propriétaire du Cala Rossa, à Porto-Vecchio, et Paul du Domaine de Murtoli, deux établissements d'excellente réputation. Avec des tarifs en conséquence : entre 700 et 1 500 euros, la nuit, en saison. Squarcini leur a quelquefois servi de « tour operator ». Ce fut le cas en avril 2007, entre les deux tours de la présidentielle. Avec sa troupe de conseillers et futurs ministres, Nicolas Sarkozy est venu passer un grand week-end les pieds dans l'eau, sur la terrasse ensoleillée du Cala Rossa. Une séance de travail insulaire pour préparer le face-à-face avec sa rivale Ségolène Royal. « Sparing partner » du champion de l'UMP, Éric Besson, le transfuge du PS. Dans l'ombre, le Squale veillait au bon déroulement du séjour.

Une partie de ceux qui ont participé à ce week-end de dur labeur logeait donc chez les Canarelli. Manifestement ils en ont gardé un agréable souvenir… Une fois la présidentielle gagnée, certains conseillers et ministres ont refait le déplacement. En particulier

---

1. Éditions Fayard, 2009.

chez Paul, dans le vaste domaine de Murtoli à l'extrême sud de l'île, un ensemble de bergeries restaurées grand luxe au milieu du maquis, cet « ailleurs en Corse extrême, ce domaine comme nulle part au monde », ainsi que le vante le site Internet. C'est le cas du conseiller de l'Élysée Franck Louvrier, du sénateur Pierre Charon, des ministres Frédéric Lefèvre, François Baroin et Christine Lagarde, du secrétaire général de l'UMP Jean-François Copé et de son ami le banquier de chez Rothschild Grégoire Chertok. Tous venus se ressourcer, profiter de la quiétude, des langoustes et de la coppa. Le domaine de Murtoli aimante aussi de grands patrons proches du pouvoir comme Henri Proglio, PDG d'EDF, des vedettes du show-biz à commencer par l'ami du Président, Christian Clavier, et même quelques policiers comme Roger Marion, l'ancien cador de l'anti-terrorisme.

Bernard Squarcini, lui, n'y a jamais dormi. Ou alors clandestinement. Mais à Murtoli, il est chez lui.

C'est la raison pour laquelle il est intervenu pour tenter de pacifier un conflit foncier entre Paul Canarelli et une dénommée Anne de Carbuccia. D'origine ajaccienne, cet ex-mannequin mariée à un riche italien, revendique être l'heureuse propriétaire, à Murtoli, d'une tour génoise nichée dans une crique avec vue imprenable sur la Sardaigne. Ce que réfute avec véhémence l'hôtelier. À force de batailles d'avocats devant les tribunaux administratifs et les chambres correctionnelles, le différend s'est envenimé. Le directeur du renseignement intérieur, qui n'aime décidément pas les conflits, s'est démené pour trouver une solution. Il a réuni le 6 mars 2009, autour d'une table raffinée, Anne de Carbuccia, son époux et son avocat Jean-Pierre Versini-Campinchi[1]. Les agapes ont eu lieu à la Casa Olympe, un restaurant du IXᵉ arrondissement appartenant à la sœur de l'avocat. Le repas a duré plus de deux heures et demie. « En d'autres circonstances, j'aurais été flattée[2] », avoue, pince-sans-rire, Anne de Carbuccia.

Au cours de la conversation, la jeune femme demande à brûle-pourpoint à Squarcini pourquoi elle a fait l'objet d'une enquête policière. Pas gêné, le patron de la DCRI répond qu'il est de son ressort de savoir qui investit en Corse et à quelles fins. « Vous êtes blanc-bleu », précise-t-il aussitôt, comme pour détendre l'atmosphère. « Il nous a ensuite assuré que ni lui ni son patron ne nous avaient mis sur écoutes, raconte Anne de Carbuccia. C'est à ce moment-là que nous avons compris que nous l'avions été. »

Le déjeuner n'ayant pas suffi à calmer l'ancien mannequin, Bernard Squarcini prend une nouvelle initiative. En décembre 2009, il convie Paul Canarelli et Jean-Pierre Versini Campinchi, sans sa cliente, au très sélect hôtel Bristol, l'annexe de la place Beauvau et de l'Élysée. Échec cuisant. Des noms d'oiseaux sont échangés entre l'avocat d'Anne De Carbuccia et le propriétaire de Murtoli. Des menaces sont également proférées. Étrangement le policier se tait. « Nous avons alors compris à quel point il était impliqué dans la protection de Canarelli », interprète la jeune femme.

1. Voir « 006 », p. 28.
2. Échange de courriels avec les auteurs le 15 novembre 2011.

Parce qu'il « redoute un coup tordu », son avocat exige du Squale qu'il consigne par écrit la nature et l'objet de la rencontre[1]. Le patron du renseignement intérieur s'exécute dans une lettre qu'il rédige à l'encre bleue de sa fine écriture. Sur papier à en-tête de la DCRI, en date du 29 janvier 2010, il certifie avoir pris « l'initiative » du rendez-vous. Il reconnaît que la discussion a été « ferme ». Pour lui, elle n'avait d'autre but que « d'éviter que se poursuivent des feuilletons médiatiques à l'infini dans divers organes de presse qui ne mettaient pas forcément en valeur l'image de notre île ». Une initiative d'intérêt général donc, voire de service public.

L'image de l'île, Paul Canarelli lui aussi y tient, assurément. Il met un point d'honneur à défendre le légendaire sens de l'hospitalité corse. C'est ainsi qu'un certain Richard Casanova a longtemps bénéficié du gîte et de couverts à Murtoli. Le 23 avril 2009, Casanova décède sous le feu nourri d'une arme automatique. Dans le 4 x 4 noir de marque Toyota qu'il vient de récupérer dans un garage ajaccien, les policiers retrouvent deux des cartes magnétiques qui servent de sésame pour entrer à Murtoli. L'une rangée dans le pare-soleil avant gauche, l'autre dans l'accoudoir central, à l'intérieur d'un porte-cartes Dior.

Cette proximité avec le sulfureux Richard Casanova, Paul Canarelli a d'abord voulu la nier, au point d'avoir fait un procès, avec succès, au *Canard*

---

1. *Le Monde*, 27 août 2011.

enchaîné qui l'avait révélée[1]. Puis, il a fini par la confesser : « J'assume pleinement mon amitié avec Richard Casanova qui a été invité ouvertement et en famille à plusieurs reprises après sa libération à partir de 2007[2] », a-t-il écrit dans un droit de réponse au quotidien *Le Monde*.

À l'instar d'autres « nationalistes », Casanova, surnommé « Charles » ou « le Menteur », selon les époques et les occasions, avait su réussir sa reconversion dans le grand banditisme. Des écoutes pratiquées avant son arrestation avaient permis d'identifier ses fréquentations. Casanova était un des piliers du gang des nordistes de la « Brise de mer », rivaux des sudistes du « Petit Bar ». Pendant plus de quinze ans, il a eu la police aux trousses, recherché pour l'audacieux braquage d'une banque genevoise, un hold-up de 20 millions d'euros, dont pas l'ombre d'un billet n'a été retrouvée. Comme si un ange gardien veillait sur lui, « Charles » a bénéficié d'une chance insolente durant sa cavale. Parfois à Paris, souvent à Marseille, la plupart du temps chez lui en Balagne, il rendait visite aux siens et gérait tranquillement ses affaires dans l'immobilier et le monde des jeux sans manifestement se soucier d'être arrêté. Au mitan des années 1990, il aurait plusieurs fois été averti de descentes imminentes de police. Juste à temps pour prendre le maquis. En 1999, une main anonyme et bienveillante a même effacé son nom du fichier central des personnes recherchées.

---

1. *Le Canard enchaîné*, 7 janvier 2009.
2. *Le Monde*, 23 septembre 2011.

Selon la rumeur, Richard Casanova devait beaucoup aux réseaux de l'ancien ministre de l'Intérieur Charles Pasqua. Ce qui lui faisait un point commun avec Bernard Squarcini. Ce n'est toutefois pas le seul.

16

Rien ne va plus

Au numéro 2 de la rue Pugliesi-Conti, l'enseigne de la toute petite échoppe au store vert sale passé, coincée entre une brasserie et un antiquaire, est explicite : « Charcuteries-Spécialités, Joseph-Pantalacci, Cozzano ». Mais voilà belle lurette que le Joseph de l'enseigne n'est plus. Désormais le charcutier se prénomme Ange, le patronyme est demeuré.

Ce vendredi 15 juillet 2011, le temps est quelque peu nuageux à Ajaccio. Une légère brise rafraîchit les palmiers et les passants du boulevard Albert-Ier. Une descente de police tout à fait exceptionnelle se prépare. Juste trois flics, mais pas n'importe lesquels : le directeur général de la police Frédéric Péchenard, le patron de la PJ Christian Lothion et le boss du renseignement intérieur Bernard Squarcini. Les trois chefs de la police sont en Corse pour une tournée des popotes. Et des potes.

Entre une revue des effectifs, une remise de

décoration et un apéro-rencontre avec la presse au palais Lantivi chez M. le préfet, Bernard Squarcini joue le guide touristique. En régional de l'étape, le Squale connaît les bonnes adresses pour le ravitaillement en coppa, lonzu et autre figatellu. Les voilà tous les trois dans la boutique de la rue Pugliesi-Conti. Chez Ange, un ami du Squale, presque un membre de la famille. Tout comme sa nièce, la jeune Marie-Claire Giacomini. Tiens, là voici justement qui pointe son joli minois. On s'embrasse, on se salue, on se remercie. On se dit « A prestu », à bientôt.

Un mois auparavant, le 9 juin, à 13 h 15 précisément, cette même Marie-Claire Giacomini était interpellée à son domicile parisien puis placée en garde à vue. Elle venait de rentrer précipitamment de Las Vegas, où elle était descendue à l'hôtel Aria : 4 004 chambres à 150 dollars le modèle de base, trois piscines, une salle de spectacle, un spa et près de 14 000 mètres carrés dédiés au poker, à la roulette, aux machines à sous. Marie-Claire y séjournait avec le frère de sa maman, Ange le charcutier. « Un fou de jeux », selon sa nièce. L'escapade, qui devait durer trois nuits, a été réduite à deux. C'est Bernard Squarcini qui l'aurait convaincue de rentrer fissa à Paris.

Cela fait dix ans bientôt que Marie-Claire Giacomini travaille au Cercle Wagram, un établissement de jeux situé au numéro 47 de l'avenue du même nom, à Paris, entre la place des Ternes et celle de l'Étoile. Elle y est barmaid en chef. C'est elle qui est chargée de récolter les pourboires, puis de les redistribuer dans des enveloppes. Depuis le 18 février 2011, ses patrons, responsables de l'établissement, sont visés par une instruction judiciaire. Le juge Serge Tournaire les soupçonne d'« extorsion de fonds en bande organisée, blanchiment en bande organisée, association de malfaiteurs ». Un enquêteur a parlé « d'un lieu vérolé où les voyous, flics, vedettes du show-biz et responsables politiques se croisent, se toisent ». De très grosses sommes sont échangées autour des tables de poker. « Contrôler un cercle, c'est s'assurer qu'un million d'euros repart chaque mois en Corse », avance un magistrat spécialisé. De quoi faire des envieux. Le commandant responsable de l'enquête l'a écrit dans son rapport de synthèse destiné au juge d'instruction : le Wagram est « au cœur d'une lutte fratricide entre deux clans de la Brise de mer ».

Ce gang, qui porte le nom d'un bar bastiais, sévit sur l'île depuis le début des années 1980. Loin de l'imagerie traditionnelle du « bandit d'honneur corse », la Brise symbolise la nouvelle génération de truands insulaires qui fait régner la terreur à coups de braquages et d'expéditions punitives. Dès 1983, l'Office central de répression du banditisme avait dressé une liste de ses vingt-sept membres supposés. En fait, un conglomérat de clans familiaux parfois rivaux.

C'est le décès, le 24 avril 2008, d'une figure de la Brise, Richard Casanova, qui a déclenché la guerre pour le contrôle du Wagram. Cet ex-braqueur avait fait main basse sur le cercle de jeux dont il avait laissé la gestion à deux amis : Philippe Terrazzoni et Michel Ferracci. Mais à sa mort, les frères Guazelli, un autre clan de la Brise, récupèrent l'affaire. Ils confient les clés de l'établissement à un drôle d'attelage : Jean

Testanière, un prétendu mage, ami des vedettes et ancien salarié des Balkany à la mairie de Levallois-Perret, qui devient secrétaire du cercle ; et Jean-François Rossi, retraité de la Défense nationale, intronisé trésorier. Ce n'est pas du goût du clan Casanova. Une opération commando a été minutieusement préparée, apparemment par le beau-frère de Richard Casanova, Jean-Marc Germani : longs repérages, recrutement de complices en interne... Le 19 janvier 2011, le clan monte sur Paris, récupère le Wagram et son grisbi, le mage et le retraité sont priés de déguerpir, et le duo Terrazzoni- Federecci se réinstalle.

Marie-Claire Giacomini, la barmaid, a étonnamment survécu à ces changements de direction rocambolesques alors que la plupart de ses collègues ont été invités à exercer leurs talents de croupier ou de vigile ailleurs. La trentenaire bénéficierait-elle de protections ? C'est ce que pense Marie Brun, la physionomiste du Cercle. Entendue comme témoin par les policiers le 6 septembre 2011, elle assure que son ancienne collègue « avait un oncle haut placé dans la police ». Fouillant dans sa mémoire, elle se souvient d'un nom, « Squarcini », bien qu'elle n'en soit pas sûre et ne sache pas comment ça s'écrit. « C'était connu dans le cercle qu'elle était la nièce de ce policier, ça se disait et elle-même le disait. C'est une fille très snob, très maniérée, qui parlait beaucoup et je l'ai entendue une fois évoquer ce "tonton". »

Devant le juge Tournaire, le 14 octobre 2011, la « nièce » ne cachera pas l'identité de son « tonton » : « Je connais Bernard Squarcini depuis que j'ai 14 ou

15 ans. Je l'ai toujours vu, tous les étés, soit à Ajaccio, soit au village lorsque mon oncle l'invitait à déjeuner, puis à Paris. J'ai son numéro et je peux l'appeler en cas de besoin. »

Ce qu'elle a fait ce 8 juin 2011. Alors qu'elle dort dans sa chambre à l'hôtel Aria de Los Angeles, elle est réveillée en pleine nuit par la sonnerie de son iPhone 4. Elle apprend par un des fournisseurs de boissons du cercle qu'une descente de police est en cours. Elle appelle aussitôt l'« oncle Bernard ». Lequel est en déplacement en Syrie-Jordanie. La suite nous a été racontée par plusieurs policiers : toutes affaires cessantes, Squarcini téléphone au numéro 1 de la Police judiciaire, Christian Lothion. Puis il recontacte sa nièce pour la convaincre de rentrer dare-dare à Paris. Le lendemain, « tonton » a une explication avec Lothion. Il s'étonne que les enquêteurs n'aient pas attendu le retour de la jeune fille pour tenter de pénétrer chez elle. Le crochetage de la serrure de l'appartement ayant échoué, les policiers ont même demandé l'autorisation d'utiliser un bélier pour défoncer la porte. Ce qui leur a été refusé. Et vaudra au policier chargé de la « perquis » une rancœur tenace de la part du Squale.

Les flics de la PJ patientent donc jusqu'à ce que la chef barmaid rentre chez elle. Au moins, ils connaissent le quartier : l'appartement est situé rue de Miromesnil, dans une rue adjacente à la place Beauvau – auparavant, la jeune femme habitait quai des Orfèvres, à deux pas du 36, le siège de la PJ. Dans ce deux-pièces « meublé de façon moderne » et « très bien entretenu » – dont Marie-Claire assurera au juge qu'elle paie le loyer avec l'intégralité de son salaire, ils découvrent plusieurs paires de lunettes siglées Dior, Burberry ou Prada, des boîtes de bijoux de grande marque, quinze sacs à main Chanel, Louis Vuitton ou Givenchy ; une quarantaine de paires de chaussures de luxe ainsi que de nombreuses housses contenant des vêtements griffés. La jeune femme semble mener grand train. Dissimulés sous la bibliothèque, quatre chèques bancaires, non datés, et signés d'un avocat parisien « cousin de troisième degré » pour un montant total de 7 500 euros. De plus, ici et là, quelques liasses de billets, certaines empaquetées dans des enveloppes Kraft. Au total, pas loin de 10 000 euros en liquide, destinés, selon Marie-Claire Giacomini, aux employés du Cercle. Pour se justifier, elle explique aux policiers : « À mes débuts, avant le passage à l'euro, les pourboires étaient largement supérieurs à ceux d'aujourd'hui, j'ai pu ainsi me constituer un petit pécule. Ensuite, j'ai la chance d'avoir une famille aisée, qui m'aide. Enfin, j'ai fait des crédits, notamment pour m'acheter un véhicule, une Austin mini. » Elle conclut : « Il m'est arrivé de recevoir, comme tout le monde, des cadeaux d'amis. »

Bernard Squarcini dont la famille est originaire en Corse d'une vallée voisine de celle de la jeune fille, est assurément du nombre de ses amis. Il l'a même admis dans un courrier adressé au journal *Le Monde*, qui pointait pour la première fois cette proximité : « Le fait de connaître une employée corse du cercle Wagram entendue par les services de police dans cette affaire ne fait pas de moi un membre du milieu corse, lié au grand banditisme[1]. »

Certes non. Mais les connaissances au Wagram de Bernard Squarcini ne se limitent pas à « une employée corse ». D'abord parce qu'il a longtemps été un habitué du cercle. « Il venait y faire ses courses en infos, raconte un ancien RG. Il traitait directement Richard Casanova qui l'a, avec d'autres, mis sur la piste de Colonna[2] ». Quand on l'interroge sur ce sujet, le Squale précise d'emblée : « Contrairement à ce qu'a écrit *Le Canard*, je n'y avais pas table ouverte. Et je n'y ai plus remis les pieds depuis 2004. Ou 2003, je ne sais plus. La dernière fois, on y a fait la fête avec Charon, Bouchité, Lothion, Lelièvre[3]... » Dans l'ordre : le sénateur UMP, ancien conseiller spécial de l'Élysée puis le préfet de l'Orne et ex-patron des RG mais aussi le patron de la PJ et enfin l'actuel coordonnateur des services de sécurité intérieure auprès du préfet de Corse. Les soirées d'après-boulot empruntaient souvent le même itinéraire : apéritif au Wagram, petite bouffe au Lutin, un restaurant corse du quartier de l'Étoile, et pousse-café dans un club chic, L'Aventure, fréquenté aussi, entre autres, par Dominique Strauss-Kahn. Un vrai triangle magique pour flics en goguette.

Au Lutin, les convives ont toujours été accueillis à bras ouverts par le patron, Ange. Sur la carte : charcuterie corse, boudin aux châtaignes, cabri rôti, etc. Le

---

1. Droit de réponse au *Monde* du 21 novembre 2011
2. Il s'agit d'Yvan Colonna, l'assassin du préfet Claude Érignac.
3. Entretien avec les auteurs le 12 septembre 2011.

tout arrosé d'un Patrimonio, le fameux vin du pays. Ange a été « centralien » avant de devenir restaurateur. Comprendre, dans le langage des voyous : il a fait quelques années de prison en centrale pour « une grosse connerie de jeunesse ». Mais ce n'est pas pour lui qu'un « soum » fut, un temps, positionné devant l'établissement. À l'intérieur de la camionnette banalisée, plusieurs fonctionnaires de police planquaient et photographiaient les allées et venues des clients du restaurant. Parmi eux : Bernard Squarcini lui-même[1]. Avec, comme nous l'ont prétendu plusieurs policiers, dans le rôle du « voyeur », un certain Christian Lambert, alors directeur de cabinet du préfet de police de Paris. L'actuel préfet de Seine-Saint-Denis s'intéressait à l'époque aux réseaux corses dans la police parisienne et à certains voyous insulaires[2]..

Des policiers corses, on en retrouve au demeurant beaucoup dans les cercles de jeux, notamment au Wagram, comme l'a raconté avec force détails le journaliste Xavier Monnier[3]. Une tradition républicaine qui remonte à 1947 veut, en effet, que pour remercier les insulaires de leurs actes de résistance durant la Seconde Guerre mondiale, l'État leur ait confié la gestion des cercles. À la tête de ces drôles de casinos régis par la loi de 1901 sur les associations, où le rôle de banquier est tenu par les gros joueurs, on rencontre ainsi bon nombre de policiers retraités. « Des alibis autant que des complices », assène un

---

1. Lequel dément avoir fréquenté le Lutin. Entretien avec les auteurs le 28 décembre 2011.
2. Entretien avec les auteurs le 9 décembre 2011.
3. Bakchich du 6 septembre 2011.

magistrat. « Au Cercle, ils voient du monde, ils font l'important, ajoute un enquêteur de la PJ. Ils dînent et boivent du champ' sans payer, reçoivent parfois des petits cadeaux. Ils mangent, au sens propre comme figuré[1]. » Au Wagram, jusqu'à l'été 2011, la présidence avait été confiée à un flic corse Honoré Renon. « Nono », son surnom chez les « poulets », avait justement réalisé l'essentiel de sa carrière aux Courses et jeux, un service qui, avant la création de la DCRI, dépendait des Renseignements généraux. « Nono » et « Nanard » s'y sont sûrement croisés.

C'est en tout cas une vraie complicité qui lie Squarcini à un autre policier corse retraité, François-Xavier Monti, lequel a longtemps été membre du conseil d'administration du Wagram. À la faveur du « putsch » du 19 janvier 2011, ce dernier a pris du galon : il est devenu secrétaire général, le fauteuil occupé jusqu'alors par le mage Testanière. « Lorsque j'ai découvert son nom dans le conseil d'administration, raconte un enquêteur des Courses et jeux, j'ai compris que Squarcini savait tout ce qui se passait au Cercle. Monti, c'est son alter ego. Ses yeux et ses oreilles. » Il est vrai que les deux hommes travaillent ensemble depuis la fin des années 1990. À cette époque, Monti venait d'être affecté à la section « Recherches » des RG dirigée par Squarcini. Plus tard, quand il a été muté au Service de coopération technique internationale de police, il est allé faire le tour des tripots et autres casinos au Cameroun, Sénégal et Gabon. À son retour, Honoré Renon prétend l'avoir croisé fortuitement. Bonne âme, il lui

---

1. Entretien avec les auteurs le 30 août 2011.

aurait proposé de venir travailler à ses côtés au sein de la société d'intelligence économique I2F, puis d'intégrer l'équipe dirigeante du cercle Wagram. De quoi réjouir Squarcini.

Ces anciens flics reconvertis dans le poker et le cash constituent, aux yeux de certains de leurs collègues, « la brigade des aveugles ». Ils voient tout mais ils oublient aussitôt ce qu'ils ont vu. Ce qui ne les empêche pas de sentir comme chez eux dans les locaux du service Courses et jeux à Nanterre. Aussi lorsque « Nono » s'est retrouvé en garde à vue, certains de ses anciens collègues – hiérarchie comprise – seraient venus lui claquer la bise.

Robert Saby n'était pas du nombre. C'est ce commissaire divisionnaire qui a initié l'enquête sur le Wagram. Surnommé par ses collègues comme par les voyous « Bebel » − en référence aux personnages de poulets incarnés par Jean-Paul Belmondo −, il a été numéro 2 de la PJ à Ajaccio jusqu'à son départ précipité de l'île. Dans la nuit du 24 au 25 novembre 2008, en effet, une bombe a détruit sa voiture. Il enquêtait alors sur Antoine Nivaggioni, ce nationaliste reconverti en patron de boîte de sécurité, qui avait été l'indic de Bernard Squarcini. Et, une semaine plus tôt, on l'a vu, un des hommes du Squale avait été entendu par le juge Duchaine sur son rôle ambivalent dans l'affaire dite de « la SMS », la société dont Nivaggioni était le directeur[1].

Squarcini soupçonne le commissaire Saby de lui

---

1. Voir « Nanard et les cagoulés », p. 198.

avoir « monté un chantier » avec l'affaire Wagram. « Il y a des anciens RG à qui j'ai refusé l'habilitation "secret défense". Ces cons se montraient sur Facebook avec leurs armes. Maintenant ils sont aux Courses et jeux. Alors ils essaient de me donner mon compte avec cette histoire du cercle. D'autres ou les mêmes ont une dent contre les anciens flics de Pasqua dont je serais. D'autres encore, ou les mêmes, pratiquent un racisme anti-corse. Quant au juge Tournaire, il a bossé avec Duchaine à Marseille sur Nivaggioni, c'est dire... Je fais fantasmer beaucoup de gens[1]. » Plus tard il ajoutera : « L'affaire du Wagram, comme celle de la SMS, va faire pschitt[2]... »

« Depuis l'affaire de la SMS, entre le Squale et Bebel, c'est comme entre chien et chat, résume un des rares amis communs aux deux. Saby est un flic à l'ancienne, hâbleur et frimeur mais c'est un grand et un bon flic. » Un de ses collègues qui a travaillé aux côtés du divisionnaire à Ajaccio, va plus loin : « Robert, il faut toujours qu'il soit en guerre contre quelqu'un, c'est presque génétique. »

Exfiltré à Nanterre comme chef de la division des affaires judiciaires et de l'observatoire des jeux et des nouvelles technologies, Saby estimait, sans doute, mériter mieux. Au moins un poste de directeur régional de police judiciaire ou un détachement à l'étranger. Il a fini par plaider sa cause auprès de son « ennemi » Squarcini. À plusieurs reprises, il a cru obtenir ce qu'il voulait. Subitement, en pleine affaire

---

1. Entretien avec les auteurs le 12 septembre 2011.
2. Entretien avec les auteurs le 28 décembre 2011.

du Wagram, il a pris congé de la police pour rejoindre le monde des jeux en ligne. Il œuvre désormais dans un groupe basé à Barcelone, une société détenue à 20 % par la Pefaco. Cette dernière qui développe « des machines récréatives » en Afrique comme en Amérique centrale et latine, comptait déjà parmi ses consultants l'ex-chef nationaliste du MPA, Alain Orsoni, ou encore l'ancien policier des RG, Didier Vallé[1]. Deux vielles connaissances de Bernard Squarcini. « Mon passage en Corse m'a ôté mes dernières illusions, confiait Saby à l'un des auteurs avant son départ pour le privé. Je suis tellement écœuré que je me demande si je ne vais pas passer un jour du côté obscur de la force[2]. » C'est désormais chose faite.

En Afrique, la Pefaco partage une partie du gâteau des jeux avec le groupe Sed, spécialisé dans le PMU et propriété de Michel Tomi. Cet homme d'affaires cultive avec le Squale quelques points communs. À commencer par Charles Pasqua à qui la carrière de Squarcini doit beaucoup. Quant à Tomi, en 1999, lors des élections européennes, il a contribué au financement illégal de la campagne du Rassemblement pour la France, le micro-parti de Charles Pasqua et de Philippe de Villiers. Et comme le hasard fait bien les choses, cinq ans plus tard, il a été autorisé à exploiter le casino d'Annemasse, en Haute-Savoie[3].

---

1. Voir « Nanard et les cagoulés », p. 198.
2. Entretien avec les auteurs le 3 mai 2010.
3. Tomi a reconnu le 12 novembre 2007 à l'audience du tribunal correctionnel de Paris qu'une partie de la vente du casino d'Annemasse avait servi à financer le RPF. Il a été condamné à quatre ans de prison dont deux ferme et 150 000 euros d'amende pour « corruption ».

Outre leurs bonnes relations communes avec « Môssieur Charles », Squarcini et Tomi partagent la même affection pour feu Richard Casanova, qu'ils ont protégé l'un et l'autre. Le policier, parce que Casanova comptait parmi ses sources. L'homme d'affaires parce que « Richard le menteur » était un de ses hommes de main. Tomi veille encore aujourd'hui au confort de la veuve de Casanova, Sandra Germani. Lorsqu'elle séjourne en Corse, Sandra utilise un puissant 4 x 4 de type BMW X6, loué à l'année par l'empereur des jeux africains. Il la loge dans son confortable pied-à-terre de Pietrabugno, estimé à 500 000 euros. Comme elle l'a raconté aux policiers des Courses et jeux qui l'ont entendue le 8 juin 2011, c'est Michel Tomi qui assure ses frais quotidiens : « Je lui demande et il me donne de l'espèce. Je ne peux pas évaluer cette somme, c'est très variable selon les mois. » En deux ans et demi, entre février 2009 et avril 2011, Sandra Germani, qui ne travaille pas, n'aura délesté son propre compte-courant que de 1 000 euros. À Paris, où elle réside la plupart du temps avec ses deux enfants, elle habite dans un appartement de plus de 200 mètres carrés dans le quartier huppé des Invalides. Montant du loyer : 7 000 euros par mois. Une facture réglée par le bienfaiteur Michel Tomi.

Entre l'empereur des jeux en Afrique et le directeur du renseignement intérieur les liens sont quasi familiaux : sous les ordres de Bernard Squarcini officie un certain Paul-Antoine Tomi. Ce commissaire quadragénaire est le frère cadet de Michel. Après avoir travaillé à Asnières puis à La Défense, il a intégré dès sa création la DCRI en juillet 2008. Bernard Squarcini aurait envisagé un temps de l'envoyer en poste au Gabon, mais Paul-Antoine Tomi n'y tenait pas[1].

En revanche, à la même période, au printemps 2011, le propre fils de Squarcini rejoignait l'Afrique. « C'est Bernard qui lui a trouvé le job, assure un collègue du Squale. Nous sommes quelques-uns à lui avoir dit de ne pas le faire, il nous a demandé pourquoi. Lorsqu'il s'agit de sa famille, il est naïf parfois... »

Naïf ou pas, le papa avait déjà permis à son fiston d'être embauché par un ami, Jean-Noël Guérini, président du conseil général des Bouches-du-Rhône, aujourd'hui dans le collimateur de la Justice[2].

Quand on demande à Bernard Squarcini ce que son fils fait au Gabon, il explique : « Il est ingénieur environnement et s'occupe de treize parcs nationaux. Je profite de mes missions pour lui rendre visite régulièrement[3]. »

Peut-être une occasion de voir aussi l'ami Tomi...

---

1. La DCRI a étrangement ouvert une antenne à Libreville où a été récemment affecté un commissaire divisionnaire, précédemment en fonction dans un pays suivi de près par l'Élysée : la Libye...
2. Voir « Un requin dans le Vieux-Port », p. 241.
3. Entretien avec les auteurs le 12 septembre 2011.

17

Un requin dans le Vieux Port

Ils ont quitté Marseille tôt ce matin-là. Rendez-vous a été donné à Saint-Étienne-du-Grès, un joli village dans le massif des Alpilles pour une partie de chasse entre amis. Les fusils ont prévu de se retrouver, à l'heure du casse-croûte, à la cabane du garde, au bord d'un chemin de randonnée. Situé au cœur du Parc régional naturel, l'endroit est la propriété du conseil général des Bouches-du-Rhône. Un petit coin de paradis : une source, des tables avec tabourets en pierre. Sans compter les grives grillées au feu de bois, arrosées d'un fameux rosé de Provence, parce que le président Guérini n'aime rien d'autre, servi frais si possible.

Le sénateur socialiste, homme fort du département, reçoit régulièrement des invités de marque à la cabane du garde. Ce jour d'automne 2006, ce sont des amis qui partagent sa table. En tous les cas, « Nono » les considère comme tels. Il y a là Christian Frémont, le préfet de la région Provence-Côte d'Azur[1], et son préfet délégué pour la sécurité et la défense, Bernard Squarcini. Quant au quatrième convive, Alexandre Guérini, c'est le frère cadet de Jean-Noël : chef d'entreprise spécialisé dans la collecte et le traitement des déchets, ne disposant d'aucun mandat électif, il fait pourtant figure de président bis du conseil général.

C'est Nicolas Sarkozy qui a offert à Bernard Squarcini une casquette de préfet, en lui confiant Marseille pour premier poste en mars 2004. Pas mal, même si le Squale aurait préféré rester à Paris et succéder à Yves Bertrand à la tête des RG. Mais Chirac, alors président de la République, s'y est opposé. Il a donc été contraint à l'exil. À un exil provisoire.

Squarcini se sent chez lui à Marseille où Sarkozy lui a offert une casquette de préfet. D'abord parce qu'il a effectué ses études de droit dans la ville voisine, à Aix-en-Provence. Ensuite parce qu'il a élu domicile non loin, dans les Alpes-de-Haute-Provence, à Digne-les-Bains. Plus encore, Marseille est une annexe de la Corse. Flics, avocats, juges et voyous : tout le gratin insulaire est passé, passe ou passera par le Vieux-Port.

En tout cas, avec les Guérini, originaires de Calenzana en Haute-Corse, le courant est forcément passé. Bernard tutoie Jean-Noël. Outre les parties de chasse,

---

1. Il occupe ces fonctions de 2003 à 2007. Le 20 septembre 2010, alors directeur de cabinet de Nicolas Sarkozy, Christian Frémont assure dans le quotidien *La Provence* porter « un regard attentif sur Marseille » et « rester à l'écoute des élus ». D'ailleurs, il plaide « leurs dossiers dans les ministères » et « tient tout naturellement informé le Président ». Son nom apparaît à plusieurs reprises dans l'affaire Guérini.

ce sont les séances de training cardiaque, à l'hôpital, qui ont rapproché les deux hommes. Même génération, même hygiène de vie, même suractivité, même douleur soudaine et violente sur le côté, mêmes blouses blanches, même sentiment d'avoir côtoyé la mort, mêmes incantations profanes et mêmes bondieuseries susceptibles d'avoir permis d'y échapper. Et, pour finir, même pédalage sur le vélo de rééducation. « Bernard, c'est mon ami », jure depuis Guérini. « Jean-Noël, je l'apprécie », assure Squarcini.

À dire vrai, on s'en serait douté. Le juge Duchaine plus que tout autre. La proximité entre les deux hommes a sauté aux yeux du magistrat dès qu'il a commencé à enquêter sur les agissements supposés frauduleux du frère du président du conseil général.

Le 27 avril 2009, Alexandre appelle son aîné. Ce dernier est inquiet. Un « ami » vient de le prévenir : « Il y a le grand là, le long, le docteur qui cherche des poisses. [1] » « Le grand », « le docteur », c'est Renaud Muselier, le député UMP, son adversaire politique. Alex cherche à le rassurer : « Je n'ai rien à me reprocher. » Son frère en doute. Pour en être tout à fait certain, il a prévu de reprendre contact rapidement avec son ami informateur. Jusqu'à présent, ce dernier ne pouvait pas lui en dire plus : « Il allait entrer en présentation », assure Jean-Noël à son frère. Mais : « Il va me rappeler, dans l'après-midi s'il peut, de Madrid. »

Qui est donc cet homme de Madrid, ce mystérieux

---

1. *Le Canard enchaîné*, 16 février 2011.

individu qui informe les frères Guérini qu'une « enquête préliminaire » vient d'être ouverte[1] ? La réponse à cette question se trouve peut-être dans le bureau de Renaud Muselier à l'Assemblée nationale, au 101, rue de l'Université à Paris. Parmi d'autres clichés, où il apparaît aux côtés de Jacques Chirac, Dominique de Villepin ou Nicolas Sarkozy, le député a fait suspendre un petit cadre sur lequel figurent quatre individus. Tous hilares, tous habillés de la même manière : frac noir et queue-de-pie, chemise et nœud papillon blanc, gilet rouge. La photo a été prise à Madrid, lors d'une visite d'État du président Sarkozy au roi Juan Carlos. Les trois joyeux drilles qui posent en compagnie du député Muselier ne sont pas les premiers venus : il y a le conseiller élyséen Pierre Charon, l'homme des bons et des mauvais coups ; le directeur général de la Police nationale, Frédéric Péchenard, et le directeur central du renseignement intérieur, Bernard Squarcini. La scène a été immortalisée le 26 avril 2009, quelques instants avant un dîner d'État.

Le lendemain, alors que se poursuit la visite officielle, Jean-Noël Guérini reçoit donc ce fameux coup de fil de Madrid. « Je n'ai jamais osé demander à Bernard si c'est lui qui avait téléphoné[2] », confie Renaud Muselier. Parce que c'était inutile ou par peur de connaître la vérité ? Quand nous nous risquons à poser la question à Bernard Squarcini, il s'agace : « Je connais l'existence d'une enquête sur Guérini depuis novembre 2008. Vous croyez que j'aurais attendu

---

1. La taupe se trompe. L'enquête préliminaire n'a jamais existé, l'information judiciaire oui.
2. Entretien avec les auteurs le 22 août 2011.

aussi longtemps si j'avais voulu prendre le risque fou de prévenir Jean-Noël ? »

Bien que le nom de l'ex-préfet de police de Marseille n'apparaisse pas dans cette conversation téléphonique entre les frères Guérini, ces derniers – tout comme d'autres personnes impliquées dans cette vaste et tortueuse affaire de détournement de fonds publics, blanchiment et associations de malfaiteurs – n'hésitent pas à le mentionner. Tantôt comme viatique, parfois comme menace vis-à-vis des enquêteurs. Un mélange des genres qui ne trouble pas les « grognards » de Squarcini. Les anciens de la SORS, la section de recherche des RG que le Squale a dirigée pendant des années, se montrent indulgents. Comme cet officier de la DCRI spécialisé dans l'antiterrorisme[1] : « Pour bien faire ce job, il faut connaître les politiques, les voyous comme les journalistes. Il faut s'immerger, savoir lâcher du lest. Rendre un service pour en obtenir un plus important. Si Bernard a fait ce qu'on lui reproche, en prévenant Guérini depuis Madrid, ce n'est pas de la malveillance. C'est un homme du renseignement, il sait qu'il faut donner beaucoup pour pouvoir récupérer beaucoup. »

Toujours est-il que c'est Alexandre Guérini qui ouvre le bal en citant le nom du préfet de police, le 29 novembre 2010. À la fin de son interrogatoire, le chef d'entreprise et frère du président du conseil général se fend d'une « déclaration sur l'honneur ». Il se prétend « victime d'un complot politique ourdi

---

1. Entretien avec les auteurs le 4 avril 2011.

par Renaud Muselier », d'une « manipulation réalisée avec l'appui d'un conseiller proche, placé au sommet de l'État, qui a construit la colonne vertébrale de ce complot en choisissant de saisir la gendarmerie plutôt que la Police nationale en mettant en cause l'honorabilité de M. Squarcini, patron de la DCRI. En effet, M. Muselier a prétendu que la Police nationale allait étouffer l'affaire, tout simplement parce que les deux enfants de M. Squarcini étaient salariés du conseil général des Bouches-du-Rhône ».

Six mois plus tard, le même Alexandre est moins prolixe. Le juge Duchaine lui colle sous le nez une série de SMS qu'il a échangés avec son avocat, Olivier Grimaldi. Ce dernier a ainsi pianoté le 8 mars 2010 : « Message à effacer : le Squale a dit que tout était écrasé et que des coups de fil avaient été passés. » Curieux de connaître la signification de ce SMS, le magistrat demande à son interlocuteur qui est donc ce « squale ». « Aucune idée », répond laconiquement Alexandre Guérini. Duchaine insiste : « Ignorez-vous que le "Squale" est de notoriété publique le surnom de Bernard Squarcini, directeur central du renseignement intérieur ? » Réplique : « Je ne savais pas qu'il avait un prénom de requin. J'ignore complètement que son surnom est le Squale. » Quelques semaines plus tôt, l'avocat d'Alexandre avait éclairé le juge sur le mystérieux échange électronique : « Guérini était très inquiet au regard des articles de presse qui sortaient, précisait Olivier Grimaldi. Je pense, à la lecture de son SMS, qu'il a essayé de se renseigner auprès des services de M. Squarcini sur l'évolution de son "affaire". Ces échanges de SMS portent sur ça. »

Le 8 septembre 2011, c'est au tour de Jean-Noël Guérini d'être présenté au juge. Le sénateur sait qu'il aura du mal à éviter une mise en examen. Il joue ce jour-là une partie de son avenir politique. Avec ses deux avocats, le Corso-Marseillais Dominique Mattéi et le Parisien Patrick Maisonneuve, tous deux proches de Squarcini, il a minutieusement préparé son interrogatoire. Il pressent que Duchaine va le cuisiner sur « l'ami de Madrid ».

Le juge attaque : « À l'occasion de conversations téléphoniques, vous avez expliqué à votre frère que vous deviez rencontrer votre ami à Paris et obtenir de lui des renseignements précis. Qui est cet ami ? »

Réponse : « Je vais être clair puisque les médias en ont parlé. Je sais que, par recoupements, vous pensez à M. Squarcini qui m'aurait renseigné ou que j'aurais sollicité. Je connais M. Squarcini et bien d'autres personnes, avocats, magistrats, policiers, gendarmes, militaires… qui me communiquent des informations afférentes sur les sujets les plus divers, mais également sur des sujets plus personnels ou privés qu'il faut maîtriser pour échapper aux scandales dont raffolent les médias. Je ne sais plus de qui je détiens ces informations et j'en ai informé mon frère, ce qui me semble assez naturel par ailleurs. Pour autant suis-je coupable d'une association de malfaiteurs pour avoir dit à mon frère que la justice s'intéressait à lui ? Qui ne l'aurait pas fait ? »

Le magistrat, qui a déjà pisté le patron de la DCRI dans l'affaire Nivaggioni[1], insiste : « Puisque vous évoquez le nom de M. Squarcini, vous devez bien

---

1. Voir « Nanard et les cagoulés », p. 198.

savoir s'il vous a donné ou non des informations sur cette enquête ? »

Le sénateur l'assure : « Jamais, même si je le rencontre dans mon travail. »

S'il avait voulu être complet, Jean-Noël Guérini aurait dû préciser qu'il « rencontre dans son travail » non seulement Bernard Squarcini mais aussi sa progéniture.

Le 29 septembre 2011, comme chaque jour ou presque, les gendarmes de la section de recherche Provence-Alpes-Côte d'azur reçoivent un courrier anonyme qui concerne la société Treize-développement, « 13-déve » comme on dit à Marseille. Mais cette fois, aucune injure, aucune dénonciation calomnieuse. L'enveloppe adressée à l'un des gendarmes de la caserne Beauvau, membre du « groupe financier », contient juste trois feuillets extraits d'un « rapport de gestion sur l'exercice 2008 et les perspectives 2009 » de la société. En fait, un tableau consacré au « mouvement du personnel » arrêté à la date du 31 décembre 2007. Première ligne, premier nom, matricule A001. Suivent 41 autres lignes. Portant le matricule A052 et exerçant la fonction de « chargé de mission » depuis le 1er décembre 2005 : Jean-Baptiste Squarcini[1]. « 13-déve » est une société d'économie mixte spécialisée dans l'aménagement et qui appartient au conseil général.

Jean-Baptiste est le fils cadet de Squarcini. Anne-Sophie, son aînée, travaille au service communication du Bateau bleu, le siège du conseil général.

---

1. Il s'est depuis expatrié en Afrique. Voir « Rien ne va plus », p. 227.

Lorsque *Le Canard enchaîné* a révélé ces embauches, le Squale a peu apprécié. La veille de la parution de l'article[1], il a téléphoné à l'un des auteurs pour lui faire la leçon : « On ne s'en prend pas aux enfants. D'ailleurs, tu peux chercher, ils ont les diplômes et les compétences. Je n'ai rien à me reprocher. »

N'empêche. « C'est une connerie » déplore un haut fonctionnaire de Beauvau, pourtant peu susceptible d'inimitié avec Squarcini. Une grosse bourde même, comme l'atteste l'interrogatoire effectué le 8 novembre 2011 par les gendarmes de la section financière de Marseille. Avant de rejoindre sa cellule de la prison de Valence, Jean-Marc Nabitz, l'ancien patron du fils Squarcini à « 13-déve » a voulu « souligner les liens qui existaient entre M. Squarcini Bernard et M. Guérini Jean-Noël ». Et de raconter : « J'ai été invité quelquefois dans la loge du Conseil général au stade Vélodrome et j'ai pu constater à chaque fois que Bernard Squarcini était assis à côté de Jean-Noël Guérini et qu'ils discutaient souvent en Corse. Fin 2007 ou début 2008, Jean-Noël Guérini m'a donné l'ordre d'augmenter le salaire de Jean-Baptiste Squarcini, fils de Bernard Squarcini. Il m'ordonnera de porter son salaire de 2 000 à 3 000 euros. Ce que j'ai fait. M. Squarcini Bernard s'est plusieurs fois inquiété auprès de moi du bon devenir de son fils au sein de Treize-Développement. »

L'esprit de famille ne constitue évidemment pas une infraction pénale.

---

1. L'hebdomadaire, qui paraît le mercredi, est imprimé le mardi en fin d'après-midi. Les services d'État en tout genre y ont alors accès.

La camaraderie non plus.

Le 27 mai 2011, Jean-Jacques Urvoas est en campagne à Marseille. Le député socialiste prépare le retour pourtant déjà compromis de Dominique Strauss-Kahn sur la scène politique. Secrétaire national du PS chargé des questions de sécurité, il vient aussi appréhender la réalité de la délinquance et des moyens policiers déployés sur le terrain. En bonne tradition républicaine, l'homme fort du département, Jean-Noël Guérini, lui fait l'honneur de sa table.

Le président du conseil général régale Chez Fonfon, célèbre restaurant du vallon des Auffes. Mondanités, rosé et crustacés avec vue sur la Méditerranée. Il est accompagné par Jean-David Ciot, son homme lige à la tête du PS local. Urvoas est, lui, piloté en terre marseillaise par une vieille connaissance. Le fils de son avocat, un fonctionnaire territorial exilé en terre provençale après un passage par la Légion. C'est lui qui, au cours des agapes, glisse à l'oreille du député : « Jean-Jacques, il y a deux hommes qui t'attendent à l'entrée du restaurant. Des flics, semble-t-il. »

Urvoas se lève de table en s'excusant auprès de ses hôtes. Effectivement deux gaillards l'attendent, mal rasés, tout de noir vêtus. Le tutoiement est immédiat : « Salut, on est des camarades, des policiers républicains. On travaille à la DCRI et on milite au SGP-FO. On te le dit très amicalement : nous n'accepterons pas d'être impliqués d'une manière ou d'une autre dans l'affaire Guérini. » C'est que, depuis peu, les gendarmes de la section financière s'intéressent aux subventions versées par le conseil général à ce syndicat de gardiens de la paix étiqueté à gauche. Jean-Jacques

Urvoas coupe court. Il prend congés des « cama-rades » et file retrouver les autres convives.

À la fin du déjeuner, le sénateur et le député se saluent. Urvoas fait quelques pas avec Jean-David Ciot quand soudain, le portable de ce dernier sonne. Il tend le combiné au député, en glissant à voix basse : « C'est le président ».

« Allô, Jean-Jacques, c'est Jean-Noël. Dis-moi, je viens d'avoir une idée. Ce serait bien que tu voies Bernard... Tu sais, je le connais bien... Tu veux que j'organise un déjeuner sur Paris, pour tous les trois... Allez, je t'invite. »

Courtois mais ferme, Jean-Jacques Urvoas décline[1].

À dire vrai, lors de son séjour marseillais, Bernard Squarcini s'est aussi occupé de sécurité publique. Il aime à résumer ainsi ses fonctions de préfet de police : « Mon job était simple, lutter contre la délinquance ordinaire pour faire baisser le vote FN au profit du vote UMP. Au vu des résultats de l'élection présiden-tielle dans la région, l'objectif est atteint, non[2] ? »

Certes. Mais la baisse n'a pas été spectaculaire. Selon les statistiques du ministère de l'Intérieur, le département des Bouches-du-Rhône affichait en 2004, à l'arrivée du préfet Squarcini, 185 146 actes de « criminalités et délinquances », contre 180 082 au moment de son départ en 2007. Vu comme ça, en effet, c'est une réussite.

Une illusion d'optique en fait. Parce que, sous l'ère

---

1. Voir « L'espion qui tirait à gauche », p. 269.
2. *Le Nouvel Observateur*, 17 janvier 2008.

Squarcini, Marseille est bien restée la championne de France de la délinquance. Même s'il a réellement donné de sa personne. Par amour du deux-roues autant que pour échapper aux sempiternels embouteillages qui ankylosent la cité phocéenne, il effectuait la plupart de ses tournées d'inspection en moto. Y compris dans les fameux quartiers Nord. « C'est vrai, on le voyait, raconte un responsable associatif. Il venait discuter de tout et de rien. C'est la première fois que je voyais un préfet comme ça. » Une rumeur véhiculée par les policiers de la Sécurité publique raconte même que Bernard a fait du « saute-dessus » : apercevant un pickpocket, il aurait abandonné prestement son deux-roues, et tel Clint Eastwood aurait volé au secours de la victime.

Depuis son départ de Marseille, le Squale est comme la sardine du Vieux-Port. Invisible mais étonnamment présent. En juillet 2009, le patron de la DCRI est convié à un déjeuner très parisien en compagnie du journaliste Jean-Claude Dassier, qui vient d'être promu patron de l'Olympique de Marseille. L'ex-directeur de LCI ne connaît rien aux us et coutumes de la vie marseillaise mais ce n'est pas le cas de Squarcini. Même s'il n'est pas membre des Commandos Ultras, ni des South Winners de l'OM, il sait que le football est une quasi-religion à Marseille. En tant que préfet de police, il a maintes fois supervisé la sécurité du Stade vélodrome. Sans compter les affaires de racket sur des joueurs, ou les pressions exercées sur la direction sportive du club pour imposer un jeune joueur, parent d'un caïd phocéen. Lors de ce repas, « Bernard a joué le douzième homme », rapporte un convive. Sur le banc de touche, mais toujours de la partie quand il s'agit de Marseille.

Il faut dire que le directeur du renseignement intérieur se met en quatre pour la métropole méditerranéenne. L'antenne régionale est la plus richement dotée en effectifs. On dénombre au pied de la Bonne-Mère pas moins de 120 contre-espions, avec un gros service « L », celui des filatures et des poses de micros. Le Squale a même récupéré, à la création de la DCRI, l'équipe entière des RG qui s'occupait des dockers. Logiquement, la surveillance du Port autonome aurait dû revenir au SDIG, chargé du renseignement en « milieu ouvert », par opposition au « milieu fermé » apanage de la DCRI. Squarcini a également soufflé l'intégralité des affaires corses, qui mobilisent désormais les effectifs du Renseignement intérieur en poste à Marseille. « Qu'on soit basé à Bastia ou Ajaccio, on ne sert plus à rien, constate un flic de la SDIG insulaire. On n'a même plus le droit de filocher le moindre "natio"[1] ! »

Aucune raison de s'inquiéter donc, le Squale veille sur Marseille et la Corse. Ainsi, le 15 novembre 2011, jour de bouclage, un rédacteur du *Canard enchaîné* reçoit un appel sur le coup de midi. Le chef du renseignement s'excuse presque : « Ce n'est pas pour moi, mais dis-moi, on me dit en bas (comprendre : à Marseille et même plus au sud) que tu t'apprêtes à sortir un nouveau papier sur Erick Campana ? »

---

1. Entretien avec les auteurs le 18 août 2011.

Deux semaines plus tôt, l'hebdomadaire satirique a dévoilé que cet avocat, candidat au poste de bâtonnier du barreau de Marseille, traîne une jolie casserole. Les gendarmes insulaires le soupçonnent d'avoir gonflé artificiellement les listes électorales de son village pour en devenir le maire. Sa terre d'élection, également dénommée Campana, est nichée en Castagniccia, au sud de Bastia.

Le tuyau de Bernard est percé et la conversation s'arrête là. L'intérêt du Squale pour cette histoire s'explique aisément. Le poste de bâtonnier de Marseille est quasiment toujours dévolu à un Corse. C'est une tradition doublée d'une réalité démographique : la majorité des avocats du Vieux-Port affichent des origines insulaires. Et le Campana en question est le poulain de l'ancien bâtonnier Dominique Mattéi[1], ami du Squale et défenseur de Jean-Noël Guérini...

Patron des services secrets, Bernard Squarcini est aussi l'homme des services rendus.

---

1. Voir « Nanard et les cagoulés », p. 198.

18

Bernard la Menace

À Nanterre, rue des Trois-Fontanots, les services de la Police judiciaire sont sur les dents. En ce mois de novembre 2005 l'urgence a été décrété pour la première fois depuis la guerre d'Algérie : les banlieues françaises se sont embrasées. Place Beauvau, Claude Guéant, directeur de cabinet de Nicolas Sarkozy, enchaîne les nuits blanches pour tenter d'éteindre l'incendie. L'office spécialisé dans la cybercriminalité enquête sur les blogs qui appellent à participer aux émeutes et à s'en prendre aux policiers. Ils cherchent notamment à savoir qui se cache derrière « Sarkodead », l'un des plus vindicatifs. L'un des policiers nous raconte le malaise qui s'est emparé du service lorsqu'ils ont découvert que le propriétaire du blog était domicilié au 11, rue des Saussaies à Paris. L'adresse du ministère de l'Intérieur. Les webmasters de Sarkodead n'auraient été autres que les Renseignements généraux !

Bernard Squarcini, l'actuel patron du renseignement intérieur, n'a pas besoin, lui, d'un faux site pour gonfler la menace. Il lui suffit d'afficher dans la presse ses prévisions sur le risque terroriste. Son baromètre, c'est T4. Une division de quinze personnes chargée à Levallois de la prospective sur les mouvements terroristes. Et c'est toujours « avis de tempête ». Ainsi le lendemain de l'arrestation du chef d'Al-Qaeda, Squarcini avertit : « La mort de Ben Laden est assurément un beau coup pour les Américains mais cela va rehausser la menace d'un cran. Ce n'est pas bon en terme de sécurité. »

La DCRI se révèle ainsi un outil précieux pour l'Élysée. Une sorte de lampe d'Aladin. Quand les médias fouinent sur une affaire qui dérange, il suffit de la frotter pour qu'en sorte aussitôt le mauvais génie d'une menace d'attentat. Prenez l'histoire de la « femme kamikaze »…

Le 11 septembre 2010, Bernard Squarcini confie au *Journal du Dimanche* sa « crainte d'un attentat kamikaze en France », en précisant « La menace n'a jamais été aussi grande. Tous les clignotants sont au rouge ». Coïncidence ? Au même moment, le site internet du *Nouvel Observateur* laisse entendre que la DCRI a été sollicitée pour démasquer les sources du journaliste du *Monde* dans l'affaire Bettencourt. Neuf jours plus tard, la menace d'un attentat terroriste ressurgit sous la forme d'une « femme kamikaze ». Une « confidence » des chefs espions de Levallois sur laquelle les médias embrayent. Pendant dix jours, les journalistes fouinent et furètent, jusqu'à ce que Frédéric Péchenard y mette le holà. Le directeur général de la police confesse qu'il s'agit d'un tuyau percé. Coïncidence encore ? La kamikaze a surgi le jour même où *Le Monde* portait plainte pour violation des sources.

La première fois que l'on a demandé à Jean-Marc dans quelle division il était affecté, il nous a regardés comme si nous étions inconscients. Ce midi, l'officier de la DCRI est exaspéré. « Ils nous mettent la pression sur le secret défense et l'on voit Squarcini enchaîner les interviews, quand on ne devine pas son nom derrière certains articles de presse[1]. »

La fausse barbe est plus ou moins fournie. À longueur de colonnes, on retrouve Bernard derrière divers vocables : « source policière », « source proche du dossier », « source très haut placée dans les services de renseignement », ou mieux encore en « haut dignitaire du système de sécurité nationale ». Un déguisement qu'il revêt à nouveau lorsqu'il annonce fort opportunément, quelques jours avant sa convocation chez le juge dans l'affaire des fadettes du *Monde*, que quarante personnes ont été interpellées depuis le début de l'année pour des activités liées au terrorisme islamiste. En matière de balistique, cela s'appelle un « tir dévié ».

Jean-Marc a été le témoin de ce genre bien particulier de communication. « Squarcini a évoqué dans la presse une vingtaine de Français dans les camps d'entraînement d'Al Qaeda en Afghanistan. Certaines familles que l'on traitait, avec lesquelles on

---

1. Entretien avec les auteurs le 2 mai 2011.

avait patiemment tissé un lien pour faire remonter des infos, ont coupé le contact considérant que la confiance avait été trahie, nous raconte encore, désabusé, le policier de la DCRI. Le fait qu'il survende la menace terroriste nuit à la crédibilité de la maison. Menace écarlate et autres c'est du pipeau. La boîte est instrumentalisée et on perd notre crédit aux yeux de l'opinion publique. »

Ce qu'il y a de bien avec la menace terroriste, c'est qu'elle est invérifiable. Lorsque Bernard Squarcini assure : « Nous déjouons deux attentats par an[1] », on est prié de le croire sur parole.

À Levallois, c'est la sous-division « T » qui traque les terroristes. Elle est, avec 150 policiers, la mieux fournie en hommes et la plus dotée en matériel. En interne, on les appelle aussi « les Punis », parce qu'« ils travaillent beaucoup ». Pour que le service fonctionne à plein régime, Squarcini a confié les clefs de « T » à une spécialiste du contre-terrorisme, son ex-adjointe lorsqu'il était numéro deux des RG.

Le Squale n'a pas d'atomes crochus avec cette féministe de gauche, même si, naguère, ils ont uni leur force contre Yves Bertrand, leur patron d'alors aux Renseignements généraux. « Ils se détestent et ça fait rire tout le monde quand ils se font la bise », commente, Jean-Marc, sarcastique. N'empêche, Squarcini compte sur son efficacité pour abattre le boulot, tout en la surveillant de près grâce à un fidèle placé à la tête de « L », la sous-division spécialisée dans les filatures en tous genres. Le chef de « L » est

---

1. *Le Figaro*, 1er juillet 2011.

idéalement placé pour savoir quel service de Levallois surveille qui.

Si Squarcini délègue à la chef de « T » le terrorisme islamiste, en revanche, pas question de la laisser mettre son nez dans les affaires basques et corses grâce auxquelles il a ciselé sa réputation de « bon flic ». À « T5 », la quinzaine d'ex-RG qui ferraille sur le terrorisme corse ne rendent compte qu'au patron, connu dans leur ancienne boutique et avec lequel ils fonctionnent à l'affect. Une corde sensible sur laquelle Bernard Squarcini sait parfaitement jouer. Ce lien quasi filial, il l'entretient également avec le groupe des « Basques » à égalité avec les « Corses » dans l'organigramme de la DCRI. Vingt-cinq flics de terrain, qui travaillent main dans la main avec une vingtaine de policiers espagnols de la Guardia civile détachés sur le sol français. Une particularité sur laquelle le ministère de l'Intérieur reste discret.

La traque du terroriste, c'est le fer à cheval de Squarcini. Non seulement la matière lui a porté chance dans sa carrière, mais en plus elle lui permet d'avoir un trousseau bien doté pour la DCRI. Car la grande trouille du responsable politique c'est l'attentat. Pour en éloigner le spectre il est prêt à signer un chèque en blanc à ses services de renseignement. Bernard Squarcini a d'ailleurs à ce sujet une formule toute faite dont il use en toutes circonstances : « Le renseignement, comme l'assurance, cela coûte cher avant l'accident[1]. » C'est d'ailleurs au nom de la lutte antiterroriste, que les contre espions de la DCRI

---

1. *Le Point*, 12 mars 2009.

marchent sur les plates-bandes de leurs « cousins » de la DGSE. Squarcini a essaimé dans plusieurs pays dits à risque ses officiers de liaison qui concurrencent sur place les chefs de poste de la DGSE. Motif : le renseignement intérieur s'occupe aussi des actes terroristes contre les intérêts français à l'étranger, donc des ambassades tricolores. En cas de succès, la DGSE n'ayant pas le droit de communiquer publiquement, c'est Bernard qui s'accapare les lauriers. Le Squale a toujours rêvé de nager dans « la Piscine » comme on appelle, dans les rédactions, le QG des espions, boulevard Mortier. Après la DCRI, il se verrait bien à la tête de la DGSE ou mieux encore d'une entité coiffant les deux services.

Si Squarcini a réussi son OPA sur le terrorisme, c'est aussi parce que la DCRI – contrairement aux défunts RG – profite d'un attribut magique : le pouvoir de judiciariser. Une tâche confiée au département « J » de Levallois composée d'alchimistes qui réussissent à fabriquer de la matière judiciaire avec du renseignement. « Vous travaillez en *off* sur un dossier et vous choisissez vous-même les éléments que vous transmettez à la justice, explique Jean-Marc. Le mauvais côté, c'est que vous pouvez être incité à vouloir faire tenir une piste bancale en forçant le trait. Ou, au contraire, à garder des informations qui sont en contradiction avec votre piste. Il ne reste que le filtre du juge. Il doit être capable de repérer les éléments qui clochent, quitte à orienter l'enquête dans une autre direction. »

Dans le même temps, la concurrence a été

passée au napalm. L'Uclat, le service censé coordonner l'anti-terrorisme en France, est aujourd'hui une coquille vide. « Les renseignements qu'on y échange, déplore un de ses membres, sont la plupart du temps déjà dans les journaux. » Quant à la SDAT, la sous-direction anti-terroriste de la Police judicaire, elle est aujourd'hui quasiment sous tutelle de la DCRI qui l'héberge à Levallois, au septième étage. Son équivalent à la Préfecture de police de Paris, la Section anti-terroriste, en est réduit au rôle de figurant.

Et puis il y a cette « prise de guerre » à la Police judiciaire, Frédéric Veaux, dont Squarcini a fait son numéro 2. Un cador de l'anti-terrorisme qui ne connaissait rien au renseignement avant de débarquer à Levallois, en terre hostile. Une anecdote à son propos a fait le tour de la maison : lors de son « entretien d'embauche », Veaux se serait vu reprocher par Squarcini d'avoir persiflé sur la « DST police politique ». Réponse de l'intéressé : « Quand je change d'équipe, je change de maillot. » Il se murmure place Beauvau que Frédéric Veaux aurait en fait été « placé » à Levallois par le patron de la police Frédéric Péchenard, lequel espérait ainsi avoir un œil sur Bernard. Raté. Totalement isolé, attendu le couteau entre les dents par le numéro 3 de la DCRI qui s'est fait souffler le poste, comme par la patronne de l'anti-terrorisme qui en rêvait, n'ayant personne d'autre que Squarcini à qui se confier, Veaux a fini par développer une forme de « syndrome de Stockholm ».

Bernard dispose d'une arme redoutable avec la fameuse « association de malfaiteurs en relation avec une entreprise terroriste ». Cette qualification, véritable aspirateur à suspects, n'existe qu'en France et lui permet de brandir le trophée de champion du monde des arrestations de terroristes.

Ou supposés tels... Avec près d'une centaine de suspects embastillés chaque année, la DCRI est à l'origine de plus de la moitié des interpellations d'islamistes radicaux dans toute l'Europe. Pour eux, on a construit des geôles dans les entrailles de Levallois, au niveau des parkings qui plongent jusqu'au cinquième sous-sol. Avec combien de faux terroristes dans le sac à poussière de l'aspirateur ? La plupart des suspects sont piochés dans Cristina, le fichier de la DCRI, qui recense tous ceux qui peuvent de près ou de loin porter atteinte à la sécurité du territoire. Concernant la communauté musulmane, Cristina est doté d'un véritable estomac d'autruche, avalant un peu tout et n'importe qui. Chaque année, les départs à La Mecque, suivis avec attention par les antennes DCRI des aéroports parisiens, sont l'occasion d'y faire entrer de nouveaux noms. Parmi ces pèlerins, beaucoup n'ont aucun lien avec un quelconque islamisme radical. La « répression préventive » c'est le leitmotiv du Squale en matière de terrorisme. Comme il le dit lui-même : « Nous faisons tout pour arriver trop tôt : au moment où il y a commencement d'exécution, c'est-à-dire juste avant l'attentat[1]. »

En effet, Squarcini est apparemment arrivé « trop tôt » pour « l'islamiste du Cern ».

---

1. *Le Figaro*, 30 juin 2010.

En mars 2008, la sous-division R de la DCRI, chargée de la veille sur Internet, repère sur un forum islamiste un nouveau venu, un Français musulman spécialiste de la physique des particules, qui participe aux expériences du Centre européen de recherche nucléaire de Genève. Lors de cette surveillance, elle est témoin de plusieurs échanges entre le jeune chercheur d'une trentaine d'années et un responsable d'Al-Qaida en Algérie caché derrière trois pseudos. Interrogé par son interlocuteur sur les attentats suicides, Adlène Hicheur, tout en exprimant un désaccord stratégique, évoque des cibles politiques et militaires en Europe, dont la caserne des chasseurs alpins d'Annecy qui fournit des troupes en Afghanistan. Un dérapage verbal qui, ajouté à ses sympathies revendiquées pour les islamistes, des mouvements d'argent jugés suspects et le fait que son père est déjà fiché dans Cristina, le transforme aussitôt en poseur de bombes. Le dossier est transmis à « J1 », le département de la DCRI qui empaquette pour les juges le renseignement recueilli sur le terrorisme islamiste. Le 8 octobre 2009, sur commission rogatoire d'un magistrat, la DCRI arrête le physicien et annonce publiquement qu'elle a « déjoué un attentat ». L'« islamiste du Cern » est la preuve vivante et concrète que la menace est sérieuse : l'élite des chercheurs français est infiltrée par Al-Qaida et le spectre d'un terrorisme nucléaire se dessine. Malgré le soutien du prix Nobel de Physique, Jack Steinberger, et d'une centaine de chercheurs internationaux, et alors que la justice suisse a classé l'affaire, Adlène Hicheur est toujours en prison en janvier 2012 après plus de deux ans de détention provisoire.

À Tarnac aussi, la DCRI est arrivée « trop tôt ». Dès qu'il a découvert que les gendarmes étaient sur l'affaire, Squarcini a tout fait pour mettre la main dessus.

Le 8 novembre 2008, plusieurs milliers de voyageurs restent à quai à cause de quatre fers à béton posés sur des caténaires de lignes TGV. Le sabotage, revendiqué par un mystérieux collectif allemand antinucléaire, fait la Une des journaux télé. Les gendarmes qui enquêtent sur plainte de la SNCF, se rendent au siège de la compagnie, où le service de sécurité interne leur apprend que des policiers sont déjà sur le coup. Une confidence de leurs collègues de la police des chemins de fer à l'étage au dessus. Ils montent illico voir lesdits policiers qui lâchent que la SDAT, en cheville avec la DCRI, travaille en *off* sur le même sujet depuis plusieurs jours. Place Beauvau, Michèle Alliot-Marie, qui n'apprécie pas Squarcini, tique. Mais le patron de la DCRI sort de sa manche l'émergence en France d'une « mouvance anarcho-autonome d'ultra-gauche », type Action Directe. Pour preuve, il glisse à la ministre les résultats d'une filature sur un couple d'anarcho-autonomes exilé en Corrèze, à Tarnac. Julien Coupat et sa compagne auraient été repérés par ses hommes le long d'une des voies de TGV qui a été endommagée. Dans ce contexte, il ne s'agit plus de dégradations ni même de sabotage, mais bien d'un acte de terrorisme prémédité, justifiant que la gendarmerie cède la place à la DCRI et à sa « filleule », la SDAT. La sous-division G, chargée à Levallois de la subversion violente, dispose même dans ses tiroirs d'un dossier « Julien Coupat » conservé par les anciens RG. Le 11 novembre 2008, le « groupe de Coupat » – vingt et une personnes en tout – est arrêté. Les magistrats de la galerie Saint-Éloi, spécialisés dans l'antiterrorisme, n'ont pourtant pas grand-chose à se mettre sous la dent.

La DCRI a réussi à griller la politesse aux gendarmes mais a abattu ses cartes trop tôt. Seule une petite partie du renseignement collecté a pu être « blanchie » pour apparaître dans la procédure. On ne trouve par exemple aucune trace dans le dossier d'instruction, épais de milliers de pages, de la balise collée en douce sous la voiture de Coupat. Ni du mystérieux témoin providentiel, dénommé « T42 » par les enquêteurs et brusquement apparu en garde à vue. Affirmant craindre pour sa sécurité, l'homme a signé une déposition accablante pour le groupe de Tarnac. Mais il finira par se rétracter et parlera de pressions policières, prétendant que la Sdat lui aurait dicté son témoignage.

Pas trace non plus de l'écoute de l'épicerie de Tarnac. Un matin, constatant que le terminal de carte bleue ne fonctionne plus, les amis de Julien Coupat, qui tiennent le magasin, appellent France Télécom. Au bout d'une heure de recherches, le préposé découvre dans le central téléphonique du village des fils suspects. Son chef lui dit de débrancher et de se taire. Trop tard, l'homme des Télécom a déjà prévenu les épiciers : « On dirait bien que vous êtes sur écoutes. » Les « écoutés » portent plainte aussitôt auprès du SRPJ de Limoges.

Le dossier Tarnac, qui aurait dû consacrer la nouvelle DCRI, tourne ainsi au fiasco. Le Squale désigne un bouc émissaire, le patron de la SNCF Guillaume Pepy, qui aurait exigé de MAM qu'elle sorte l'affaire[1]. Lorsque survient le ratage de Poitiers, à l'automne 2009, la DCRI n'ayant pas vu venir les altermondialistes qui saccagent le centre-ville, fuite dans la presse un rapport des RG sur « l'ultra-gauche » qui évoque Julien Coupat. Preuve que la DCRI a bien eu raison d'agir préventivement contre la bande de Tarnac...

Tarnac, l'ultra gauche ? Le patron de la DCRI s'agace des journalistes incrédules face au danger. « Le groupe se situait dans les prémices de l'action violente », insiste-t-il par exemple dans *Le Point*[2]. Lorsque le journaliste David Dufresne, qui prépare un livre d'enquête sur les dessous de l'affaire[3], le rencontre à Levallois, à la fin de l'entretien, Squarcini, le raccompagne et mime le geste de lui appuyer un pistolet sur la nuque – pour rire bien évidemment.

« C'est une grande erreur de la part de Bernard Squarcini d'avoir focalisé la DCRI sur le terrorisme au détriment de tout le reste. Au nom de la lutte anti-terroriste, on a sacrifié le contre-espionnage. Il sera très difficile de réorienter la machine[4] », s'énerve à son tour Claude Silberzahn. Lorsqu'il nous fait ces confidences, l'ancien patron de la DGSE vient tout juste de signer dans *Le Monde* une tribune intitulée « Les fiascos du renseignement français », qui

---

1. *Le Canard enchaîné*, 20 janvier 2010.
2. 12 mars 2009.
3. *Magasin général*, Calmann-Lévy, 2011.
4. Entretien avec les auteurs le 4 mai 2011.

a électrisé tout le huitième étage de Levallois, celui de la direction. « Je sais que c'est non politiquement correct de dire ça, mais, depuis quarante ans, le terrorisme a tué sur le sol français l'équivalent d'un gros week-end de départs en vacances. Le danger est surestimé pour des raisons politiques : c'est un épouvantail pratique pour détourner l'attention. »

Pour le patron d'un service, la lutte antiterroriste peut aussi devenir la boîte à malices. Il est possible, sans trop de difficultés, d'y glisser du renseignement politique. Par exemple utiliser le sésame de la menace terroriste pour décrocher une écoute auprès de la CNCIS, la Commission de contrôle des interceptions de sécurité, alors que le vrai motif de la demande est inavouable. Ou mieux encore : profiter de la corne d'abondance qu'est « l'article 6 » de la loi de 1991 qui régit les interceptions de sécurité. Après les attentats de Madrid et de Londres en mars 2004 et juillet 2005, les services antiterroristes français ont obtenu une procédure expresse qui permet de récupérer, auprès des opérateurs et des fournisseurs d'accès, toutes les données techniques concernant les téléphones et ordinateurs de leurs clients. Depuis 2006, les vannes sont ouvertes. La CNCIS n'y fourre pas son nez puisqu'elle a délégué le contrôle à la « personne habilitée », en l'occurrence un policier. Ce « grand sachant », ainsi qu'on le nomme à Levallois, est seulement flanqué de deux adjoints pour vérifier plus de 45 000 demandes par an ! Une tâche d'autant plus titanesque que chaque dossier est comme un missile à têtes multiples, pouvant contenir plusieurs numéros de téléphone ou comptes Internet attribués à une même cible. Autant dire qu'on a doté ce contrôleur d'une épuisette avec mission d'aller pêcher dans l'océan. Comme de bien entendu, ce sont les troupes de la DCRI qui accaparent près de 90 % des demandes !

En 2009, lorsque la CNCIS a découvert, lors d'un contrôle, qu'une partie des fadettes réclamées par Levallois lui passait sous le nez, elle a, comme on l'a vu, resserré les boulons. L'année suivante, pour le seul article 6, le nombre de demandes rejetées a augmenté de plus de 200 % ! Le « grand sachant » malgré ses moyens dérisoires, a repéré 90 dossiers en dehors des clous.

C'est Rémy Pautrat qui a doté la DST quand il l'a dirigée, d'une sous-direction antiterroriste. Près de trente ans plus tard, comme Silberzahn, il en déplore les effets pervers. « Je savais que je prenais le risque de voir la lutte antiterroriste, qui a toujours eu l'attention du politique, devenir trop importante au détriment du reste. C'est ce qui est arrivé. Les services se sont nourris de cette menace, surtout après le 11 septembre, pour grossir leurs pouvoirs de façon démesurée. On a accepté beaucoup de choses sans qu'il y ait eu de débat[1]... »

---

1. Entretien avec les auteurs le 10 mai 2011.

19

L'espion qui tirait à gauche

« Bonjour c'est Martine Aubry.

– Euh… C'est bizarre, je ne reconnais pas votre voix.

– Écoutez, monsieur le préfet, que vous le vouliez ou non, c'est bien moi, je suis Martine Aubry. »

31 mai 2011, palais de l'Élysée, Joël Bouchité n'en mène pas large. Il connaît parfaitement son interlocutrice. Après avoir été numéro 1 des RG, et avant de devenir le conseiller de Sarkozy à la sécurité, il a effectué un séjour de deux ans à Lille. Préfet chargé de la sécurité, il avait alors pour interlocutrice naturelle et régulière la maire de la ville. Une certaine Martine Aubry. Il connaît parfaitement sa voix. Comme son caractère. Ce matin-là, elle est très en colère.

« Je vais porter plainte contre vous pour diffamation…

– Comment ? » Panique au bout du fil : « Ce n'est pas moi, ce n'est pas moi ! »

L'entretien aura duré une quinzaine de minutes. Joël Bouchité, longtemps resté proche de Bernard Squarcini, est blanc comme un linge. Le coup de fil de celle qui ambitionne alors d'affronter Sarkozy à la présidentielle de 2012 vient de lui rappeler une autre histoire : l'affaire Bruno Rebelle. C'était en 2007. À l'époque, en tant que directeur des Renseignements généraux, Bouchité avait diligenté l'enquête au sujet de cet ancien responsable de Greenpeace France, devenu conseiller de Ségolène Royal, la candidate à la présidentielle. Un an après la publication dans *Le Canard enchaîné*[1] d'une note RG sur Rebelle, il avait été exilé dans le Nord-Pas-de-Calais préfet délégué à la Sécurité. « L'affaire Rebelle, c'est mon assurance-vie », avait-il prévenu en quittant la capitale. Sous entendu : si je l'ai fait, c'est parce qu'on me l'a demandé.

Quatre ans plus tard, de retour d'exil, voilà à nouveau Bouchité soupçonné de faire de la basse police. Martine Aubry a décidé de tordre le cou aux ragots dont elle est victime. Elle est persuadée que la campagne de déstabilisation qui la vise depuis plusieurs semaines est orchestrée par l'Élysée, avec à la manœuvre des hommes du renseignement. Le procédé est simple : alimenter et amplifier les rumeurs grâce à l'Internet, puis distiller, sous le sceau de la confidence afin de crédibiliser le propos, de soi-disant tuyaux aux rédactions.

Un peu plus d'un mois avant l'échange téléphonique avec Martine Aubry, Joël Bouchité a invité un

---

1. 25 janvier 2007.

journaliste — qui s'avère être l'un des auteurs de ce livre — à le rejoindre à l'heure de l'apéritif au Berkeley, un restaurant bling bling à deux pas de l'Élysée. DSK vit alors reclus dans une luxueuse maison de Manhattan, dans l'attente de son procès pour viol. Martine Aubry est devenue la favorite des sondages pour les « primaires citoyennes » organisées par le PS. Entre deux banalités, la conversation s'engage sur la fille de Jacques Delors.

« Tu sais qu'elle est alcoolique.

— Non.

— Elle est sujette à de très fortes migraines ophtalmiques. Elle est obligée de rester enfermée 24 à 48 heures dans le noir. Elle prend aussi de la cortisone. Elle a fait deux cures de désintoxication dans un établissement spécialisé du côté de Reims. Elle ne tiendra pas la campagne[1]. »

Comme d'habitude, pour que la rumeur prenne corps, ses propagateurs y glissent quelques vraies infos. Martine Aubry a effectivement connu ces derniers temps des problèmes ophtalmiques, l'obligeant à rester dans le noir. Il existe bien aussi dans la région de Reims — dont la première magistrate, Adeline Hazan, est une amie intime de la maire de Lille — des cliniques spécialisées dans les addictions, mais aucune trace d'un séjour de Martine Aubry. En novembre 2008, sitôt adoubée première secrétaire du PS, son mari avait déjà été ciblé via des lettres anonymes inspirées de fausses infos circulent sur Internet.

---

1. Entretien avec les auteurs le 27 mai 2011.

Quelques heures après cette discussion au Berkeley, nous rencontrons un jeune ministre de Sarkozy. Il est évidemment question des prochaines échéances électorales, de la chute de DSK, des chances de la gauche, et enfin de Martine Aubry. L'ambitieux entonne alors le même refrain : « Elle est alcoolique. Elle a fait deux cures de désintoxication du côté de Reims. Elle ne tiendra pas la distance. » Interrogé sur sa source, il finit par lâcher : « Un conseiller de Péchenard. »

Après la colère de Martine Aubry, Joël Bouchité, qui a été introduit au Château par Claude Guéant, prend à nouveau du champ, cette fois comme préfet de l'Orne. Une mise à l'écart devenue d'autant plus urgente pour l'Élysée qu'il est reproché au conseiller pour la sécurité d'avoir « laissé son ADN » sur plusieurs demandes à caractère politique. D'anciens RG en poste en province ont été sollicités pour remonter des informations sur des personnalités de gauche, notamment Aubry. Deux d'entre eux au moins ont refusé après avoir rendu compte à leur hiérarchie.

25 septembre 2009. Sommet du G20, Pittsburgh, États-Unis. La scène se passe dans les toilettes des hommes, durant une suspension de séance. Dominique Strauss-Kahn est alors directeur du FMI et candidat putatif à la présidentielle de 2012. Le patron du FMI prend violemment à parti le président français[1] : « J'en ai plus qu'assez des ragots répé-

---

1. *Le Point*, 3 décembre 2009.

tés sur ma vie privée et sur les prétendus dossiers et photos qui pourraient sortir contre moi. Je sais que tout ça part de l'Élysée. Alors, dis à tes gars d'arrêter ou sinon je saisirai la justice. » Il soupçonne Nicolas Sarkozy de lui avoir mis sur le dos ses services de police et de renseignement pour empêcher sa candidature à la présidentielle de 2012. Sa garde rapprochée est convaincue que ses ordinateurs portables sont espionnés et ses téléphones sur écoutes. Un commissaire de police est chargé par Strauss-Kahn d'en savoir plus et de sécuriser les communications. Il procure au président du FMI sept téléphones portables équipés de puces achetées en Belgique sous une autre identité et qui sont régulièrement changées. Dans le même temps, une société privée est sollicitée pour mettre en place un système de cryptage des communications de toute l'équipe, qu'elles passent par téléphone ou par e-mail. Performant mais compliqué à utiliser...

En 2011, DSK est toujours en tête dans les sondages. Son équipe se prépare pour la course à l'Élysée. Début mars, un officier de la Direction centrale du renseignement intérieur nous confie que « DSK est ciblé » et d'indiquer au passage : « Hollande commence à faire peur à l'Élysée mais on n'a pas encore été amené à bosser dessus[1]. »

Quelques semaines plus tôt, la Police judiciaire de Lille, qui vient tout juste d'être réorganisée, récupère un tuyau mentionnant trois numéros de téléphone. Les enquêteurs mettent aussitôt sur écoutes les trois

---

1. Entretien avec les auteurs le 3 janvier 2011.

cibles, parmi lesquelles René Kojfer, chargé des relations publiques d'établissements hôteliers haut de gamme de Lille. Le Carlton, mais aussi l'hôtel des Trois Tours qui appartenait auparavant à la Mutuelle de la Police. Kojfer, qui a été « vendu » avec les meubles, a gardé tous ses contacts chez les flics. Il entretient aussi des liens avec le dénommé « Dodo la Saumure », propriétaire de « bars montants » en Belgique, auxquelles il aurait « emprunté » des filles pour ses clients lillois.

Cinq mois plus tard, quand l'affaire dite « du Carlton » éclate, apparaissent au grand jour le nom de DSK et celui du patron de la Sûreté urbaine de Lille, Jean-Christophe Lagarde. Précisément le commissaire que Strauss-Kahn avait secrètement chargé de sécuriser ses communications et ses déplacements en France quand il préparait l'annonce de sa candidature. Un policier que nous avions rencontré dans le cadre de notre enquête pour démêler le vrai du faux dans cette paranoïa qui régnait alors dans l'entourage de DSK. Le commissaire Lagarde nous avait assuré de l'existence d'une cellule mobilisée sur Strauss-Kahn au sein de la DCRI.

Dès que les écoutes judiciaires ont démarré, le ministère de l'Intérieur a pu suivre en direct à la fois les frasques de Dominique Strauss-Kahn et ses préparatifs secrets pour la campagne. Dans les affaires sensibles, celles qui impliquent par exemple une personnalité, la PJ envoie toujours un double des PV à la place Beauvau. « C'est comme si quelqu'un de bien renseigné avait, en balançant un tuyau, allumé une mèche lente au moment où DSK représentait un danger électoral[1] », souffle un policier lillois. Selon un gradé de la place Beauvau, l'affaire de Lille devait éclater juste au moment des primaires socialistes.

Comme un heureux hasard, l'un des trois numéros de téléphone fournis par une main anonyme à la PJ de Lille, en février, appartenait au patron d'une filiale du groupe de BTP Eiffage aujourd'hui accusé d'avoir financé les soirées coquines auxquelles participait DSK. L'entrepreneur aurait payé les chambres d'hôtel à Paris, mais aussi les billets d'avion pour convoyer les filles jusqu'à Washington. D'une pierre deux coups : voilà qui a également dirigé les soupçons sur les conditions d'attribution du marché du Grand Stade remporté par Eiffage à Lille, la ville de Martine Aubry.

Autre hasard ? Dans le répertoire téléphonique de René Kojfer figuraient les coordonnées d'un haut responsable de la Direction centrale du renseignement intérieur. Lequel nous concédera : « Je le connais, René. C'est un mec sympa. À soixante-dix piges, il ne mérite pas d'aller au trou. J'ai déjeuné ou dîné plusieurs fois avec lui. Il connaissait beaucoup de choses et en disait aussi beaucoup[2]. »

René Kojfer est un bavard. Bien avant qu'un corbeau ne mette la PJ de Lille sur la piste de Strauss-Kahn, le directeur des relations publiques du Carlton se vantait dans toute la ville de connaître DSK et même de lui avoir « envoyé une gonzesse ». Une

---

1. Entretien avec les auteurs le 17 octobre 2011.
2. Entretien avec les auteurs le 21 octobre 2011.

information qui bien entendu ne serait jamais parvenue aux chastes oreilles de la DCRI…

Au début du printemps, certains hauts fonctionnaires ont pourtant profité des passages croustillants des écoutes concernant Dominique Strauss-Kahn. Celles-ci circulaient alors de la main à la main sur des clefs USB. À l'Élysée, on n'en ignore pas le contenu. On raconte volontiers en privé les soirées libertines de DSK aux États-Unis.

Lorsque le directeur du FMI est arrêté à New York, le 14 mai 2011, Claude Guéant veille toute la nuit, place Beauvau. À deux heures du matin, le ministre de l'Intérieur s'entretient « off the record » avec un rédacteur du *Journal du Dimanche* qui boucle son édition. Très vite, la justice américaine paraît savoir qu'en France, une enquête judiciaire pourrait éclabousser Dominique Strauss-Kahn.

Apparemment, la cible était déjà dans le viseur. Avril 2011, Paris, île de la Cité. Dans son bureau, le préfet de police Michel Gaudin discute avec un éditorialiste politique. La conversation roule sur le patron du FMI. Le préfet le plus puissant de France lance, en mimant le geste : « On a un dossier comme ça sur DSK ! Il y a cette histoire du travesti au bois, tout est écrit. J'ai appelé Guéant pour savoir ce que je devais en faire, il m'a dit : envoie-moi l'original et brûle toutes les copies[1]. »

Cette fameuse « histoire » compromettante pour DSK, qui a donné lieu à une note de police, beaucoup

---

1. Michel Gaudin dément avoir tenu ses propos.

de journalistes fréquentant les allées du pouvoir y ont eu droit dès qu'il a été question d'une candidature Strauss-Kahn à la Présidentielle de 2012. Il s'agit en fait du recyclage d'une vieille note de police datée de décembre 2006. Une nuit, lors d'un banal contrôle routier, une patrouille de la Brigade anti-criminalité a surpris DSK en fâcheuse posture dans une voiture. Le renseignement est remonté au patron de la police en tenue parisienne, Alain Gardère, un proche de Claude Guéant, aujourd'hui préfet de police de Marseille. Pour Alain Gardère cependant, ce document n'a jamais existé[1]. Pourtant Claude Guéant lui-même reconnaît désormais, du bout des lèvres, avoir « entendu parler de cette histoire »[2]. Peut-être lorsque le ministre de l'Intérieur occupait les fonctions de secrétaire général de l'Élysée ?

Début 2011, Nicolas Sarkozy, président de la République, semble disposer d'un dossier conséquent sur DSK. Recevant à l'Élysée quatre journalistes politiques, il avertit, faisant mine d'ouvrir son tiroir : « Dès que DSK revient à Paris, les dossiers vont sortir[3]. »

À qui Sarkozy aurait-il bien pu demander ces « dossiers » ? « La DCRI n'a jamais fait de note sur DSK, s'énerve Squarcini. Il n'existe pas de cabinet

---

1. Courrier du 8 juillet 2011 adressé par Alain Gardère au député Jean-Jacques Urvoas dans lequel il certifie qu' « aucun compte-rendu administratif » « n'existe et à fortiori n'a circulé en provenance de la Police ».
2. *Journal du Dimanche*, 4 décembre 2011.
3. L'Élysée conteste cette scène qui nous a été relatée par l'un des journalistes présents.

noir ou d'équipe dédiée à des enquêtes réservées[1]. » Certes, mais comme nous l'ont affirmé Joël Bouchité l'ultime patron des RG et plusieurs policiers, la Direction du renseignement intérieur n'a-t-elle pas récupéré, à sa création, l'intégralité des archives des Renseignements généraux, notamment celles concernant des personnalités politiques[2] ?

La toute-puissance de la DCRI avec à sa tête un fidèle lieutenant de Sarkozy nourrit la paranoïa. La compagne de François Hollande, Valérie Trierweiler, réagit au quart de tour quand un article évoque une enquête de police sur sa vie privée. Le 20 octobre 2011, *L'Express* annonce que la direction du renseignement de la Préfecture de police de Paris, les ex-RG de la PP, a reçu l'ordre de faire une notice biographique fouillée sur la journaliste politique. Celle-ci saisit la justice. Entre-temps, le ministre de l'Intérieur Claude Guéant a dégainé une plainte contre l'hebdomadaire pour « diffamation et diffusion de fausses nouvelles ». L'affaire n'en serait pas une. Un enchaînement de hasards aurait fait croire à des policiers syndicalistes que Valérie Trierweiler était devenue une cible. Le 21 décembre 2011, l'IGS, la police des polices, indique n'avoir mis au jour aucune trace d'« enquête policière de renseignement ». Dans l'entourage de François Hollande, on reste persuadé que les téléphones du candidat socialiste sont « zonzonés », comme on dit, par la DCRI. Six mois avant

---

1. Courrier du 6 juillet 2011 adressé par Bernard Squarcini au député Jean-Jacques Urvoas.
2. Voir « Motus et bouche cousue », p. 143.

la présidentielle, François Rebsamen, donné comme futur ministre de l'Intérieur, est chargé de dégotter des portables « propres ».

La peur d'être « surveillé » par le renseignement intérieur a gagné tout l'échiquier politique. En mars 2011, Marine Le Pen assure tout de go lors d'une interview télévisée qu'elle a été placée sur écoutes[1]. Sceptiques sur cette affirmation, nous questionnons nos contacts policiers. Ils nous confirment que la présidente du FN s'est effectivement retrouvée dans le collimateur. « Il a même été question, en 2011, d'aller poser des caméras pour surveiller le nouveau siège du parti. Je ne sais pas si finalement ça s'est fait[2] », avance l'un d'entre eux. Le « prétexte » servi aux troupes pour justifier cette curiosité : identifier les hauts fonctionnaires du ministère de l'Intérieur qui auraient pu se mettre au service du FN.

À la Fondation Jean Jaurès, l'un des *think tanks* du PS, où se retrouvent régulièrement hauts fonctionnaires de la place Beauvau, gendarmes et policiers, pour être prêts en cas d'alternance, les réunions évoquent une scène de *Tintin et les cigares du pharaon*. Les participants ne sont pas cagoulés comme les conspirateurs de l'album d'Hergé, mais tout aussi soucieux de ne pas être démasqués. « Quand on arrive, on éteint tous nos téléphones portables et on enlève la batterie », raconte l'un d'eux.

En bout de table, Jean-Jacques Urvoas. Le député

---

1. iTélé, 29 septembre 2011.
2. Entretien avec les auteurs le 8 septembre 2011.

du Finistère en charge des questions sécurité au PS tape sur le système de Bernard Squarcini. Il n'arrête pas de harponner le Squale. Comme dans cette lettre adressée, en mai 2011, au patron du renseignement intérieur : « Quelle garantie pouvez-vous m'apporter qu'aucune collecte d'informations, constitution de dossiers, y compris informelle, ou enquête privée sur des personnalités politiques n'ont jamais existé et n'existent pas ? » Deux mois plus tôt, il a déposé une proposition de loi pour durcir les peines en cas d'utilisation d'écoutes téléphoniques à des fins d'espionnage politique. Pour aggraver son cas, le député bataille aussi pour renforcer le contrôle parlementaire sur les services de renseignement.

Les deux hommes se sont déjà croisés. La première fois, c'était en janvier 2011, lors de la présentation des chiffres de la délinquance, place Beauvau. Le député breton s'y était invité. L'apercevant, le Squale le « tamponne » en utilisant une vieille ficelle des hommes du renseignement : accrocher la conversation sur un point commun inattendu. En l'occurrence Brest, la ville d'Urvoas. Squarcini y a débuté sa carrière de RG. Comme s'il avait relu ses fiches la veille, le patron du renseignement lui fait le Who's who des chefs d'entreprises de Brest, se trompant parfois sur un prénom, histoire de donner à son interlocuteur l'occasion de rectifier, créant ainsi un semblant de proximité.

Un mois plus tard, alors que le nom d'Urvoas circule comme possible ministre de l'Intérieur si DSK arrive à l'Élysée, frappe à sa porte un jeune universitaire qui lui propose ses services sur les questions de renseignement dont il s'est fait une spécialité. Franc-maçon, il affirme militer au parti socialiste. Jean-Jacques Urvoas l'accueille volontiers dans le cercle des « conspirateurs » de la Fondation Jean Jaurès. Cette candidature spontanée tombe bien pour Squarcini. Une de ses collaboratrices, Annie Battesti, membre de l'état-major de la DCRI, est elle aussi en contact avec le doctorant pour l'aider dans son travail de recherche[1]. C'est Squarcini lui-même qui lui a demandé de s'en occuper : voilà une bonne occasion pour le Squale de prouver à Urvoas que la DCRI n'a rien à cacher.

Pour lui en faire la démonstration, le policier convie le député à déjeuner et c'est le jeune universitaire qui se charge de transmettre l'invitation. Les agapes ont lieu à la Villa corse dans le XVᵉ arrondissement parisien, le repaire de Bernard. Parmi les convives, Annie Battesti, l'officier traitant du doctorant qui accompagne, lui, Urvoas, mais aussi le chef d'état-major de la Direction du renseignement intérieur, Max Torossian. « Pendant tout le repas, Squarcini m'a fait comprendre qu'il aimait plus la DCRI que Nicolas Sarkozy, et qu'il travaillait pour l'État. Sous-entendu : il pouvait assumer la transition politique, il serait utile à la gauche[2] », raconte Jean-Jacques Urvoas. À la fin du déjeuner, le Corse propose à son invité de trinquer avec un verre d'alcool de myrte. Urvoas décline poliment.

---

1. Entretien avec les auteurs le 7 septembre 2011.
2. Entretien avec les auteurs le 15 octobre 2011.

La fumée rose au-dessus de la DCRI a été la venue de Max Torossian. L'arrivée en octobre 2010 de « Max la menace » comme chef d'état-major à Levallois, a irrité une bonne partie de la maison. Cet ancien commissaire des Renseignements généraux est un grand ami de Julien Dray, le député PS de l'Essonne où il est resté en poste pendant neuf ans. « En interne, on s'est tout de suite dit qu'en faisant venir Torossian, Squarcini avait souscrit une assurance-vie au cas où la gauche passerait[1] », s'amuse un commissaire de la DCRI, qui a bien sûr souhaité garder l'anonymat. Les déjeuners organisés par « Toto » semblent accréditer cette thèse. Grâce à lui, Squarcini a rencontré non seulement Julien Dray, partisan de François Hollande, mais également François Lamy, très proche de Martine Aubry, et lui aussi élu de l'Essonne. « Toto m'a fait rencontrer Juju. C'est quelqu'un que je respecte », nous confiera Bernard Squarcini[2].

Torossian n'est pas un organisateur de déjeuners. Le Squale sait aussi qu'il a récupéré dans son jeu une carte maîtresse. Ce mondain, franc-maçon, cultive avec soin un épais carnet d'adresses qui porte son influence bien au-delà de la DCRI. D'ailleurs, lorsque Joël Bouchité, devenu patron des RG, avait songé à le faire venir auprès de lui, Squarcini l'en avait dissuadé d'un définitif : « Ne le prends pas, c'est un nid à emmerdes ! » Visiblement, le Squale ne souhaitait pas que son ancien adjoint profite des réseaux de Torossian.

---

1. Entretien avec les auteurs le 6 octobre 2011.
2. Entretien avec les auteurs le 28 décembre 2011.

À peine arrivé, « Max » a féminisé son état-major. « Il a su jouer la carte affective avec les femmes de son équipe qui lui sont toutes dévouées. Ce sont un peu les amazones de Torossian », poursuit le contre-espion de la DCRI. Il s'est déplacé à Saint-Cyr-Mont-d'Or, l'école des commissaires, pour recruter lui-même une adjointe : une séduisante fille de 24 ans, seconde de sa promo, qui a remporté le casting, et a aussitôt été baptisée « la manga girl de Max ». Mais son vrai bras droit, c'est l'ex-RG Annie Battesti qui a ses entrées en politique. Cette Niçoise passée par la Corse est considérée comme « l'intello du huitième », chargée à la fois de veiller sur les textes législatifs régissant la DCRI et de traiter les universitaires.

Contrairement aux autres commissaires, le nouveau chef d'état-major fréquente aussi les officiers de la maison qu'il emmène déjeuner à l'extérieur. Une attention remarquée.

Pour savoir ce qu'on pense de lui en interne, il a mis sur pied un réseau d'informateurs et s'est débarrassé des fidèles de l'ancien chef d'état-major tombé en disgrâce. « Il est sans état d'âme, il s'amuse, avec l'aval de Squarcini, à faire monter certaines personnes et à en dynamiter d'autres », commente notre commissaire.

À soixante ans, Max Torossian était en bout de carrière. Il est reconnaissant au Squale de l'avoir invité à sa table de jeu pour une dernière partie. « Squarcini sait que Torossian ne le trahira pas. Il va jouer à sa manière mais avec les règles fixées par le patron. »

Pour entretenir ses réseaux de gauche, Squarcini

n'a pas toujours besoin de Torossian. Il « traite » directement plusieurs syndicalistes policiers, comme l'insubmersible et tonitruant Joaquim Masanet. Membre du parti socialiste, longtemps président de l'UNSA-Police, celui-ci préside désormais aux destinées de l'Association nationale d'action sociale, chargée de soutenir les « poulets » en difficultés sociales et psychologiques. Et il est proche de François Rebsamen, le sénateur-maire de Dijon, lequel ambitionne de s'installer à Beauvau si d'aventure François Hollande conquiert l'Élysée. Grâce à « Jo », « Rebs » a eu droit à son déjeuner avec le Squale.

Dans toutes les centrales Squarcini nourrit ainsi des contacts. En particulier avec le SGP-FO, principal syndicat de gardiens, fortement implanté du côté de Marseille.

Mais le talisman Torossian ne suffira peut-être pas à sauver Bernard. Depuis cette satanée mise en examen en octobre 2011 dans l'affaire des fadettes du *Monde*, le patron de la DCRI sent le soufre. À gauche comme à droite.

Table des matières

Cet ouvrage a été composé et mis en pages par Nord Compo
7, rue de Fives - 59650 Villeneuve d'Ascq

CPi

Achevé d'imprimer aux Pays-Bas
N° d'édition : 52158/01
Dépôt légal : janvier 2012